ro
ro
ro

Haltung ist wieder ein öffentliches Thema, es wird danach gefragt, gar gerufen. Offenbar fehlt es daran. Menschen, die Haltung zeigen, Journalisten, Politiker, Whistleblower werden dafür gelobt und geliked. Oder je nachdem auch angefeindet. Aber was ist das eigentlich: Haltung? Seit Anja Reschke immer wieder attestiert wird, Haltung zu zeigen, denkt sie darüber nach. In diesem Buch gibt sie Denkanstöße und auch ganz persönliche Antworten: über den Zusammenhang von äußerer und innerer Haltung, den Unterschied von Haltung, Meinung und Starrsinn, die persönliche und gesellschaftliche Bedeutung von Haltung, ob Journalisten Haltung zeigen sollen und darüber, was Haltung mit Mut zu tun hat. Ein Thema, das uns alle angeht.

Anja Reschke ist Journalistin. Seit 2001 moderiert sie das ARD-Magazin *Panorama* und das NDR Medienmagazin *ZAPP*. Außerdem präsentiert sie kurze Einblicke in die Welt der Forschung bei *Wissen vor acht – Zukunft* in der ARD. 2015 wurde sie Leiterin der Abteilung Innenpolitik beim NDR, zu der auch *Panorama* und *ZAPP* gehören. Sie sprach 2015 einen vielbeachteten *Tagesthemen*-Kommentar gegen Fremdenhass und wurde Journalistin des Jahres. 2016 wurde sie für den Deutschen Fernsehpreis nominiert. 2018 wurde sie mit dem Hanns-Joachim-Friedrichs-Preis ausgezeichnet für «Haltung ohne Arroganz, Toleranz ohne Beliebigkeit und Stehvermögen ohne Sturheit».

Anja Reschke

HALTUNG ZEIGEN!

Rowohlt Taschenbuch Verlag

Originalausgabe

Veröffentlicht im Rowohlt Taschenbuch Verlag,

Reinbek bei Hamburg, Oktober 2018

Copyright © 2018 by Rowohlt Verlag GmbH,

Reinbek bei Hamburg

Lektorat Frank Strickstrock

Umschlaggestaltung ZERO Media GmbH, München

Umschlagabbildung Thomas Pritschet

Satz Abril Text

Gesamtherstellung CPI books GmbH, Leck, Germany

ISBN 978 3 499 63424 6

INHALT

VORWORT

Machen Sie sich gerade! Brust raus, Po rein! Zeigen Sie Stärke, lassen Sie sich nicht verbiegen, gehen Sie aufrecht! Nehmen Sie Haltung an!

Na, passiert schon etwas mit Ihnen? Es ist eigenartig: Die meisten beginnen, kaum hat man das Wort Haltung erwähnt, auf ihrem Stuhl in eine andere Position zu rutschen oder unmerklich den Rücken durchzudrücken und die Schultern zu straffen. Es scheint ein unbewusstes Bedürfnis nach Haltung in uns zu geben. Es fühlt sich irgendwie gut an. Äußerlich wie innerlich. Und man würde ja. Viel öfter. Wenn, ja wenn es nicht oft so anstrengend wäre.

Und schon ist man wieder zusammengesunken im Sessel. Der Brustkorb ruht bequem auf dem Bauch, der sich leicht nach vorne wölbt. Vielleicht stehen Sie auch? Die Füße fest in den Boden gestemmt, die Oberschenkelmuskeln haben Pause, sie können sich entspannt auf den durchgedrückten Knien ausruhen. Das Becken folgt wie ein querliegender Bauklotz, dann die gemütliche Polsterschicht, viele Röllchen oder eine große Wölbung, der

Bauch. Er kann perfekt das Gewicht des Brustkorbs abfedern, der rund und prall dem Begriff Korb alle Ehre macht. Dann kommt der Hals, kurz, dick, eingefahren, wie bei einer Schildkröte. Und schließlich ihr Haupt, das schwere Ding. Wer soll das schon den ganzen Tag lang hoch erhoben halten?

Gut, vielleicht sieht das nicht so attraktiv aus, ist dafür aber herrlich bequem. Sich nicht hervortun zu müssen, in der Masse verschwinden zu können. Wer sich nicht bewegt, macht auch nichts falsch. Wer nicht hinausschaut, wird auch nicht auffällig. Dieses Prinzip kennen wir alle. In der Schule klein im Stuhl zusammensinken, wenn der Lehrer fragt, wer verantwortlich ist, für den Müll, für das Chaos. Wenn die Frage kommt, wer sich zu Wort melden will. Wer macht den Elternsprecher? Wer sagt dem Chef, dass sich seine Idee nicht umsetzen lässt? Wer steht in der U-Bahn auf und stellt sich gegen die Pöbler? Man würde ja, aber muss man sich so hervortun? Die Arbeit, die Mühe, kann nicht erst mal wer anders?

Und dabei pochen wir doch so sehr auf die Haltung. Erziehen wir unsere Kinder nicht dazu, zu etwas zu stehen? Verehren wir nicht diese Helden der Geschichte, die sich gegen Widerstände von totalitären Regimen, gegen Unterdrückung, für Gerechtigkeit eingesetzt haben? Bewundern wir nicht insgeheim Figuren in Historienfilmen, die alte Lady Grantham aus der britischen Erfolgsserie *Downton Abbey* etwa, die Haltung in noch so schwierigen Situationen bewahrt, die kerzengerade den Raum betritt, den Kopf hoch erhoben, den Blick nach vorne gerichtet, und dann den einen Satz sagt, der voll schneidender Eleganz ist? Vernichtend und erhaben zugleich. Einen Satz voll Wahrhaftigkeit.

Haltung zeigen ist also eigentlich schwer in Mode. Aber was ist denn genau Haltung? Jenes äußere und innere Gerüst, das uns ein Kompass durch die Unwägbarkeiten des Lebens sein kann? Lohnt es sich denn, im Alltagsleben Haltung zu zeigen?

Mich begleitet das Thema Haltung schon eine ganze Weile. Als ich begann, *Panorama* zu moderieren, erklärte man mir, entscheidend sei, dass ich es mit Haltung tun würde. Als ich Kommentare in den ARD-*Tagesthemen* sprach, zum 70. Jahrestag der Befreiung der Opfer von Auschwitz oder gegen Hass und Hetze im Netz, wurde mir von vielen Seiten gratuliert. Ich hätte Haltung gezeigt. Seitdem werde ich häufig zu Diskussionsrunden eingeladen, in denen es um Mut und Haltung geht oder ich werde gebeten, eine Rede zu diesem Thema zu halten. Gleichzeitig läuft eine Debatte über die Frage, ob man im Journalismus überhaupt «Haltung» haben sollte oder ob man nicht vielmehr «neutral» sein müsse. Haltung ist also in aller Munde. Aber, was ist das eigentlich genau, diese Haltung? Und wie ver-hält man sich am besten? Gerade in diesen Zeiten.

Da tauchen Menschen auf, die anderen sehr geschickt einreden, sie seien etwas Besseres, weil sie Deutsche seien.

9

Und diese Deutschen seien bedroht. Von den Ausländern und von den Politikern, die Deutschland «abschaffen» wollten. Und deshalb müssten sich diese Deutschen wehren.

Und es werden Reden geschwungen, von Menschen, die in Landtagen sitzen, die sich als Politiker bezeichnen, die die Aufarbeitung und Erinnerung an den Holocaust als «dämliche Bewältigungspolitik» abzutun, eine 180-Grad-Wende der Erinnerungskultur fordern, damit man wieder stolz sein könne auf die deutsche Geschichte.

Das kratzt an der Grundhaltung unserer Gesellschaft, es rührt an Tabus und stellt stillschweigende Vereinbarungen in Frage. Letztlich wendet es sich gegen die Haltung, die sich dieses Deutschland nach 1945 mit dem Grundgesetz verordnet hat.

Ich bin Nutznießerin dieser Nachkriegsgeschichte. Ich habe das große Glück, in ein Land geboren worden zu sein, in dem Rechtsstaat und Demokratie herrschen, das Wohlstand bietet und Sicherheit, vor allem Sicherheit! Was für viele selbstverständlich ist und nicht mehr als Errungenschaft wahrgenommen wird. Ein starkes Land, ein soziales Land. Und ein Land, in dem man frei seine Meinung äußern darf, ohne Angst davor haben zu müssen, verhaftet oder bedroht zu werden. Wertvolle Errungenschaften, die einige leider nicht mehr zu schätzen wissen, weil sie Kritik mit Zensur verwechseln und Gegenmeinungen als Lüge abtun.

Ich bin ins gemachte Nest geboren. Aber auch meine Generation hat ihre Aufgaben. Für mich gehört dazu, das, was an zivilisatorischem Fortschritt errungen, ja oft genug erkämpft wurde, zu bewahren, weiterzuentwickeln. Die Gleichberechtigung, die Toleranz gegenüber Homosexuellen, gegenüber anderen Religionen, anderen Hautfarben. All das sehe ich als ein Erbe an, für das sich Einsatz lohnt. Und das zu verteidigen und auszubauen ist Aufgabe genug.

Haltung zu haben ist dafür eine gute Tugend.

HALTUNG – UND WAS SICH DAFÜR HÄLT

Beginnen wir mit einer kurzen Begriffsbestimmung. Was ist überhaupt Haltung? Wenn man mal die Haltung von Tieren ausklammert, meint das Wort eine innere und eine äußere Verfasstheit. In beiden Fällen hat Haltung mit Festigkeit, Standhaftigkeit, Stärke zu tun. Mit etwas, das einem Halt gibt. Das kann das Muskelkorsett ebenso sein wie ein Glaube, eine innere Überzeugung. Leicht zu erklären ist sie nicht; vielleicht umschreiben wir sie etwas genauer. Haltung kann man haben, annehmen, zeigen, bewahren, verlieren. Je nachdem, welches Verb man der «Haltung» hinzufügt, verändert sich ihre Bedeutung.

Haltung bewahren: sicher die eleganteste Form der Haltung. Auf Französisch klingt das Ganze gleich noch vornehmer, erhabener, denn da haben wir es mit der Contenance zu tun. Schon wenn man das Wort hört, sieht man sie vor sich sitzen, die Dame von Stand, mit gepuderter Perücke, kerzengerade, das Kinn ein wenig nach vorne gereckt, während der Marquis ihr gerade mitteilt, dass er sie gegen eine jüngere, gebärfreudigere Dame auszutauschen gedenkt und sie von nun an nur noch mit einer Apanage von 100 000 Franc im Jahr auszukommen hat. Wie reagiert sie nun, die Dame von Stand? Sie zetert nicht, sie schreit nicht, sie bricht auch nicht zusammen. Sie nimmt es zur Kenntnis und antwortet lediglich mit einem leichten Nicken des Kopfes. Ihren Kummer wird sie später in ihr Kissen weinen. Nie käme sie auf die Idee, dem Gegenüber Macht über sich zu verleihen, indem sie ihm ihre Emotionen auf dem Silbertablett serviert.

«Was die Franzosen Contenance nennen, Haltung und Harmonie im äußeren Betragen, Gleichmütigkeit, Vermeidung alles Ungestüms, aller leidenschaftlichen Ausbrüche und Übereilungen, dessen sollte sich vorzüglich ein Mensch von lebhaftem Temperamente befleißigen», schrieb vor über 200 Jahren Adolph Freiherr von Knigge in seinem berühmten Buch «Über den Umgang mit Menschen».

Wer Haltung, wer Contenance bewahrt, zeigt damit, dass er sich im Griff hat. Nicht wie jeder Prolet, der seine Wut, seinen Frust, seine Begeisterung sogleich herausschreit. Es geht hier also vor allem um «Zurück-Haltung», sozusagen das Gegenteil von «Haltung zeigen», obgleich man ja bewusst nach außen tritt. Allerdings ist das «Haltungbewahren», was auch Gelassenheit oder Besonnenheit bedeutet, im Prinzip auch eine sehr bewusste Form des

Haltungzeigens. Indem man einem anderen signalisiert: «Das, was du mir hier gerade sagst, antust, entgegenwirfst, das ficht mich nicht an. Ich bleibe gerade, ich lasse mich von dir nicht beugen.» Es hat also schon wieder etwas mit gerade machen oder gerade bleiben zu tun. In manchen Situationen kann das «Haltungbewahren» auch taktische Überlegenheit schaffen und Eskalationen vermeiden.

Die Contenance kommt vom lateinischen Wort *continentia*, was so viel wie Selbstbeherrschung, Enthaltsamkeit, Zurückhaltung bedeutet. Zunächst war sie eine Tugend bei Hofe, beim französischen Adel. So setzte man sich vom gemeinen Volk ab. Seit der Reformation hielt die Contenance immer mehr Einzug in das aufstrebende Bürgertum. Gerade im Protestantismus, Calvinismus, Puritanismus, Pietismus war es wichtig, seine Instinkte und Reaktionen zu beherrschen. Dann kamen allerdings die Romantiker und betonten den Stellenwert des tiefen Gefühls gegenüber der zur Schau gestellten Ruhe.

Trefflich zu beobachten ist die Contenance bis heute beim britischen Königshaus, vor allem bei der älteren Generation. Das Pokerface der Queen ist legendär. Ob sie ihre Geburtstagsparade abnimmt, ob der neue Urenkel geboren und damit die Thronfolge gesichert ist oder ob sie der Beerdigung von Lady Di beiwohnt: Die Queen verzieht keine Miene. Sie schaut ernst oder sie lächelt leicht, mehr Emotionen sind von ihr nicht zu erwarten. Die Haltung der Königin ist durch und durch von ihrer Rolle als Oberhaupt der britischen Krone geprägt. Der Mensch Elisabeth tritt dahinter zurück. Und wenn tatsächlich mal ein Hauch von Gefühlsregung über ihre Gesichtszüge gleitet, wie im November 2017, als sie einer Gedenkfeier für die Toten des Ersten Weltkriegs beiwohnt und sich verstohlen eine Träne aus dem Auge wischt, so ist das gleich eine Sensation für die Weltöffentlichkeit. Die Queen weint!

Nun mag man ein Bewunderer dieser Kunst der Selbstbeherrschung sein, aber sie führt auch zu furchtbaren Verdrängungen. Man erinnere sich nur, um im britischen Königshaus zu bleiben, wie der kleine, 12-jährige Prinz Harry regungslos hinter dem Sarg seiner Mutter hergehen musste, ohne in den Arm oder an die Hand genommen zu werden, ohne weinen zu dürfen, während um ihn herum Tausende von Diana-Fans lauthals und mit tränenüberströmten Gesichtern klagten. Es war, wie er heute sagt, einer der schmerzlichsten Momente in seinem Leben. Aber der Adel weint nicht und erhebt sich damit über die plumpen Emotionen seines Volkes. Absurd! So ist es vielleicht auch der Lauf der Zeit, dass sich die neue royale Generation von der Contenance ihrer Vorfahren mehr und mehr verabschiedet und auf Hochzeiten, Taufen oder Beerdigungen durchaus Gefühle gezeigt werden.

Haltung annehmen: die körperliche Variante der Haltung. «Nehmen Sie Haltung an!» heißt, in Grundstellung zu gehen, sich aufzurichten, sich in Positur zu stellen, strammzustehen. Gerade deshalb verbindet man diese Formulierung zunächst einmal mit dem Militärischen. Da heißt das Ganze allerdings «Aaachtung!». Vielleicht, weil sich das leichter brüllen lässt.

Beim Militär ist das Haltungannehmen in erster Linie eine Disziplinierungsmaßnahme. Damit erweist man dem Vorgesetzten Respekt, der dann freundlicherweise sagen kann: «Stehen Sie bequem.» Wie man strammzustehen hat, ist in den jeweiligen Militärordnungen genauestens geregelt. Meistens heißt es: Füße im 60-Grad-Winkel, mit den Hacken aneinander, Gewicht auf beiden Füßen, Schultern zurück, Brustkorb vorgewölbt, Kopf aufrecht, Augen geradeaus. Daran hat sich in den letzten Jahrzehnten nicht viel geändert. Es ist im Prinzip immer noch so, wie es schon in der *Allgemeinen Schweizerischen Militärzeitschrift* vom 20. Dezember 1924 zu lesen war:

«Der Mann soll gestreckt, stolz, selbstbewusst, soldatisch strammstehen. (...) Die 1919 erlassenen Direktiven für die Ausbildung in den Rekrutenschulen verlangen für die Grundstellung, entsprechend ihrem Wesen als Drillbewegung: augenblickliche, genaue und gleichmäßige Ausführung unter Anspannung aller Kräfte; ferner Straffheit der Ausführung, absolute Hingabe des Mannes mit seinen ganzen Willens- und Körperkräften.»

Immer schon also geht es um Stärke, aber auch um Hingabe. Und es geht darum, eine bestimmte Position einzunehmen. Haben Sie mal die Tierwelt beobachtet? Was machen – vor allem männliche – Exemplare, wenn sie Wirkung erzielen, imponieren wollen? Genau, sie machen sich groß, mit allem, was ihr Körper zu bieten hat. Der Kopf strebt nach oben, der Brustkorb wird weit, die Beine werden länger. Das macht was her. Der Bär richtet sich auf, um größer und stärker zu wirken, der Hahn stolziert mit geschwellter Brust umher, der Pfau schlägt ein Rad, der Frosch bläst die Backen auf. Stets geht es darum, Eindruck zu schinden, man will etwas darstellen und nimmt eine bedrohliche, imposante oder repräsentative Haltung ein.

Der sogenannte militärische Gruß erfolgt in straffer Haltung. Dabei wird die zu grüßende Person angesehen. Es ist genau geregelt, mit welcher Bewegung die Hand an den Kopf oder den Rand der Kopfbedeckung zu führen ist. Man geht davon aus, dass der militärische Gruß aus dem Mittelalter stammt. Wenn die Ritter ihr Visier hochklappten, bedeutete das, seinen Kopfschutz aufzugeben, also in friedlicher Absicht unterwegs zu sein. Bis heute gibt die Formaldienstordnung der Bundeswehr vor, wann, wer und wie zu grüßen ist.

Nachdem Kriege im Mittelalter vor allem aus ungeordneten Schlachten bestanden, in denen Landsknechte aufeinander einschlugen, bei denen man kaum auseinanderhalten konnte, wer zu wem gehörte, bildeten sich ab dem

16. Jahrhundert mehr und mehr Formationsstellungen heraus. Das heißt, die Soldaten standen in Reih und Glied, in einer Linie und führten gemeinsam koordinierte Bewegungen aus. Zwar werden Kriege heute in ganz anderer Form geführt, der Formaldienst ist dafür eigentlich nicht mehr notwendig. Aber Strammstehen und Grüßen werden bis heute durchgeführt. Jeder, der beim Militär war, wird bestätigen, dass dieses Einüben von präzisen Abläufen, die alle gleich und gleichzeitig vollziehen müssen, das Gefühl von Einheit stärkt und zur Disziplin beiträgt.

Es wird durch das Einüben einer äußeren Haltung auch eine innere beeinflusst.

Wer also Haltung annimmt, will nach außen und innen Stärke demonstrieren.

Das ist nicht so entfernt ist vom

Haltung zeigen: der mutigsten Variante der Haltung. Denn wer Haltung zeigt, tritt mit seinen inneren Grundwerten an die Öffentlichkeit und muss sich gefallen lassen, massiven Gegenwind zu spüren. Haltung zeigen bedeutet gemeinhin, sich für etwas starkzumachen, das für die Gemeinschaft von Wert ist. Dass so ein Verhalten erstrebenswert ist, ja geradezu eine Tugend, bekommen wir von klein auf beigebracht. Das Einstehen für andere, für eine gute Sache, ist das Narrativ von Tausenden Erzählungen. Ein Schüler hat einen Streich gemacht, der Lehrer verlangt, dass der Schuldige sich stellt, die ganze

Klasse steht auf. Solche Momente gibt es von der «Feuer-zangenbowle» über das «Fliegende Klassenzimmer» bis zu «Hanni und Nanni». Dutzende Filme enden im Gerichts-saal, wo dieser *eine* Anwalt, dieser *eine* Zeuge am Ende allen Mut zusammennimmt und die Sache zum Guten wendet. Helden sind in allen Erzählungen stets jene, die unter Einsatz von Leib und Leben den Fortbestand der Gemeinschaft sichern. Alle Katastrophenfilme zum Bei-spiel haben immer den einen Wissenschaftler, der die dro-hende Gefahr bereits heraufziehen sieht und alles dafür tut, Schaden von der Menschheit abzuwenden.

Noch stärker haben sich Heldengeschichten in unserem Bewusstsein verankert, die wirklich stattgefunden haben. Man spricht dann gerne von Zivilcourage, und sie ist eng verwandt mit dem Begriff «Haltung zeigen». Das ganze Land trauerte 2009 um Dominik Brunner, der zu Tode geprügelt wurde, weil er sich in einer Münchner S-Bahn schützend vor eine Gruppe Jugendlicher gestellt hatte, die bedroht wurde. Wir bewundern Mahatma Gandhi, der in den Hungerstreik ging, um gegen Rassentrennung und für die Unabhängigkeit Indiens einzutreten, die Geschwister Scholl oder Georg Elser, die für ihre Haltung gegen die Nazis, gegen das Unrecht, mit dem Leben bezahlten. Sie gelten bis heute als Helden der Geschichte. Haltung zeigen hat stets etwas mit Mut und innerer Stärke zu tun.

Nun sollte ich an dieser Stelle noch auf die bucklige Verwandtschaft der Haltung hinweisen, die sich gerne als Haltung ausgibt, ohne es zu sein:

Der Starrsinn ist der bockige Bruder der Haltung. Dogmatisch beharrt er auf seinen Positionen und gefällt sich in Selbstgerechtigkeit. In der Tat ist der Starrsinn schwer abzugrenzen von der Haltung, da der Starrsinnige ja stets von sich behaupten wird, er bleibe eben seinen Prinzipien treu. Aber wenn auch Haltung sich nicht von heute auf morgen verändert, weil ihr ein gewisses Beharrungsvermögen innewohnt, so ist sie doch flexibel. Wie ein Bambusrohr. Es hält dem Sturm stand, weil es sich der Bewegung des Windes anpasst, im Innern aber ist es stark, es knickt nicht so leicht ab. Der Starrsinn ist eher wie ein Baum. Er steht da und nichts kann ihn umhauen. Bis der eine starke Orkan kommt. Dann liegt er entwurzelt auf der Erde. Haltung kann zu Starrsinn verkommen, wenn sie sich nicht an ihrer Umgebung misst und immer wieder einmal aufs Neue überprüft.

Die Einstellung ist die kleine Schwester der Haltung. Sie wäre gerne so stark und wahrhaftig wie die Haltung und versucht, sie in jeder Hinsicht zu imitieren, aber sie kommt nicht heran an ihr großes Vorbild. In der Psychologie nennt man Einstellung die Bereitschaft, in einer bestimmten Weise auf eine Person, eine Gruppe oder

Situation zu reagieren. Und zwar wertend. Eine Aussage wie «Es sollten nicht mehr Flüchtlinge ins Land kommen» ist eine Einstellung. Genauso wie der Ausspruch «Jeder darf kommen». Hier drückt sich aus, dass man einer Sache oder Person mit Zu- oder Abneigung entgegentritt.

Vorurteile, Sympathie oder Antipathie sind Einstellungen. Sie sind unbewusst. Die äußere Einstellung, jene also, mit der man anderen gegenübertritt, kann man bewusst steuern, um etwa in einem bestimmten Umfeld die sozial gewünschte Rolle einzunehmen. Die unbewusste Einstellung dagegen lässt sich nicht direkt beeinflussen. So beschwerten sich zum Beispiel in der Diskussion um Flüchtlinge und Migration viele Kritiker darüber, als Nazi abgestempelt zu werden. Niemand will als Nazi gelten, denn Nazis sind schlecht und böse – und wer will das schon sein? Also wehrten sie sich gegen eine solche Zuschreibung – die allerdings so gut wie nie stattfand. Ich kann mich nicht erinnern, dass ein Politiker oder Journalist solche Kritiker als Nazis beschimpft hätte. Aber anscheinend gab es ein inneres Bedürfnis der Kritiker selbst, sich gegen das ultimativ Schlechte abzugrenzen. Ich habe Dutzende Mails bekommen, in denen stand, dass man doch kein Nazi sei. Und dann folgten üble Beschimpfungen und Vorurteile gegen DIE Ausländer, die kriminell und unkultiviert seien, allesamt «zu nichts zu gebrauchen» und « dumm wie Bohnenstroh». So schrieb mir zum Beispiel im Sommer 2015 ein Wolfgang G. unter Angabe seines vollen Namens und Adresse:

«Nennen Sie mich von mir aus einen Rechten, der ich vom eigenen Gefühl nicht bin ... Ich wehre mich gegen eine Überfremdung unseres Volkes! Afrika ist verseucht mit Krankheiten (Aids, Ebola), es gibt Pocken und andere ansteckende Krankheiten, Kinderlähmung etc. All das schleppen die uns ins Land. Die vielen, auf Vermehrung ausgerichteten Schwarzen vermischen sich mit unserem weißen Volksstamm und demnächst laufen nur noch schokoladige Kinder herum. Nein danke, sage ich dazu.»

Es sind Einstellungen dieser Art, für die der Blogger und Buchautor Sascha Lobo den Begriff «Aber-Nazi» kreiert hat. Gemeint sind Menschen, die nach außen für sich postulieren, tolerant gegenüber Minderheiten zu sein, in ihrem Verhalten und ihrer Sprache aber etwas ganz anderes vermitteln.

Mit Haltung hat das nichts zu tun.

Im Englischen wird die Einstellung übrigens *attitude* genannt, was uns der Sache etwas näherbringt. Die «Attitüde» im Deutschen meint schon eine Einstellung, die zur Schau gestellt wird. Gern kommt sie auch als Affektiertheit oder Getue daher. Und das grenzt sie von der Haltung ab. So kann man ja zum Beispiel leicht von sich behaupten, tolerant zu sein. Aber ob man es wirklich ist, wird sich erst zeigen, wenn die Nachbarn eine laute Party feiern. Die Haltung ist universeller, wahrhaftiger, umfassender als die Einstellung. Eine Haltung muss man leben, sie zeigt sich immer wieder in konkreten Situationen. Sie ist nicht nur Ausdruck irgendeines Gefühls oder einer Erfahrung, die Haltung orientiert sich an ethischem Sollen. Sie muss gelebt und anhand objektiver Kriterien beurteilt werden können.

Die Meinung ist die Schwägerin der Haltung. Sie tut alles, um zur Familie zu gehören, übernimmt Rituale und Redewendungen, aber sie ist und bleibt angeheiratet, genetisch nicht verwandt. Meinung und Haltung können leicht verwechselt werden, weil es jeweils um eine Beurteilung unserer Welt geht, aber sie sind mitnichten das Gleiche.

Eine Meinung hat man zu einem Thema, vielleicht einem Menschen, über eine Sache. Sie ist schnell gebildet, blitzschnell manchmal. Im besten Fall aufgrund von Wissen, aber seien wir ehrlich: Häufig fußt Meinung nicht unbedingt auf fundierter Kenntnis. Sie ist unstet und flüchtig. Wie schnell ist sie geändert. Vielleicht, weil man neue Erkenntnisse hinzugewonnen hat oder vielleicht auch, weil man einfach mal Lust hatte, eine andere Position einzunehmen. Meinung ist eigentlich eine ziemlich oberflächliche Angelegenheit. Im Gegensatz zur Haltung. Die sitzt tief. Allerdings bildet man eine Meinung sicher auch aus einer Haltung heraus. Bin ich zum Beispiel für oder gegen Abtreibung? Dazu kann ich eine Meinung haben. Aber sie wird genährt durch eine Haltung. Etwa eine religiöse oder biologistische, nach der der Mensch nicht eingreifen soll in das Göttliche oder das Natürliche. Oder eine aufgeklärte Haltung, nach der Frauen selbstbestimmte Menschen sind, die frei über sich und ihren Körper entscheiden können. Die Grundhaltung wird die Meinung beeinflussen.

Ich habe es für mich so definiert:

Die Meinung ist das Kissen mit den Federn, das man nach Belieben in Form bringen kann. Die Haltung ist das Kissen mit dem Memory-Effekt, das immer wieder in die Ursprungsform zurückgeht. Haltung ist etwas Tieferliegendes und weniger Veränderbares.

Was ist also der Kern der Haltung? Nachdem wir ihr familiäres Umfeld erkundet haben, nähern wir uns ihr doch mal von außen nach innen.

BELLA FIGURA

Schon als ich ein kleines Mädchen war, ermahnte mich meine Großmutter stets, gerade zu sitzen. Besonders bei Tisch sollte man sich nicht gemütlich in den Stuhl lümmeln, sondern die Rückenlehne möglichst nicht berühren. Auch das tiefe Beugen über den Tisch, die Ellbogen als Stütze links und rechts neben dem Teller platziert, als ob man sein Essen vor seitlichen Übergriffen abschirmen müsste, war ihr ein Graus. Man solle bitte mit Anstand essen.

Die bequemste Art, nämlich den Unterarm auf der Tischkante abzulegen und dann das Essen über die Gabel mit einer Art Hebelwirkung in den Mund zu schaufeln, die Methode also, mit der man das Anheben des Unterarms komplett vermeiden kann, war ihrer Ansicht nach ebenfalls keine erstrebenswerte Haltung bei Tisch. «Das Essen wird zum Mund geführt und nicht der Mund zum Essen» war einer ihrer Lieblingssätze.

Letztlich sind es die Regeln von Knigge, die sie an uns weitergab: «Man stützet nie die Ellenbogen auf, man lege keine anderen Körperteile auf den Tisch als Hände und

Arme bis zum HALBEN Unterarm», lauten diese Tischmanieren in der Neufassung von Curt von Weißenfeld aus dem Jahr 1940 («Der moderne Knigge – Über den Umgang mit Menschen») Aus jener Zeit also, in der meine Großmutter ihre Kinder erzog. Und auch wenn man Büchern aus dieser Zeit mit einiger Skepsis gegenüberstehen sollte, so ist doch interessant zu lesen, dass es letztlich um mehr ging, als um das Befolgen starrer Regeln:

«Man soll sich für sich selbst gut benehmen, für seinen Nächsten, für Gatten, für Kinder. (...) Wer sich zu Hause gut benimmt, benimmt sich auch draußen gut. Wer sich zu Hause nicht gut benimmt, wird es draußen nur mit Anstrengung tun, unsicher, mit einem Aufwand an Energie, den andere schließlich doch merken.»

Will heißen: Wer sich äußerlich gehenlässt, wird auch innerlich schlaff. Man kann das bei Menschen beobachten, die den Halt verloren haben. Sie fangen an, sich zu vernachlässigen. Und zwar erst in ihrem Verhalten und dann auch in ihren Grundsätzen.

Innere und äußere Haltung haben also etwas miteinander zu tun. Wer manierlich isst, benimmt sich insgesamt manierlicher. So ging es auch meiner Großmutter weniger um nerviges Regelwerk als um eine Haltung: den Menschen wie auch Dingen gegenüber. Schließlich, so erklärte sie gerne, sei für meine Mahlzeit entweder ein Tier gestorben, oder fleißige Erntehelfer hätten mit krummen Rücken Karotten oder Kartoffeln aus der Erde gezogen. Und letztlich dürfe ich nicht vergessen, dass ja auch der Koch oder die Köchin einiges an Arbeit in dieses Essen investiert habe. Dem könne und müsse man Respekt zollen und dazu gehöre eine aufrechte, zugewandte Haltung.

Ihr selbst, so betonte sie Mal um Mal, sei als junges Mädchen ein Besenstiel in den Rücken geschoben geworden, mit dem sie bei Tisch sitzen musste. Interessanterweise sagte sie immer «bei Tisch» und nicht «am Tisch». Dieses Besenstiel-Martyrium mussten vermutlich viele Kinder in der ersten Hälfte des 20. Jahrhunderts über sich ergehen lassen, denn es war eine übliche Methode, um vor allem jungen Damen Haltung beizubringen. Irgendwann muss dieser Besenstiel meiner Großmutter so in Fleisch und Blut übergegangen sein, dass sie gar nicht mehr krumm sein konnte. Meine Großmutter stand und saß bis ins hohe Alter von 97 Jahren kerzengerade. Was ihr üble Rückenschmerzen und einen gebeugten Gang ersparte und dazu führte, dass sie stets jünger geschätzt wurde, als sie war. Was ihr interessanterweise auch mit über 90 Jahren noch wichtig war. Allerdings sollte man an dieser Stelle die aktuelle medizinische Forschung nicht unerwähnt lassen, welche klar besagt, dass vor allem das zu lange Verharren in einer Position für Rücken und Wirbelsäule eher nicht zuträglich ist.

Jedenfalls muss ich heute, um die Erfahrung vieler, vieler Mahlzeiten reicher, zugeben, dass allein schon praktische Gründe für eine gerade Haltung beim Essen sprechen. Denn die Gefahr, sich zu bekleckern, ist wesentlich geringer, wenn man es vermeidet, Spaghetti mit Tomatensoße hinten angelehnt über den vorgeschobenen Bauch in den Mund zu transportieren. Und ich kann heute nachvollziehen, dass es von mehr Respekt vor der Nahrung und ihrer Herstellung zeugt, wenn man die Suppe eben nicht tief über den Teller gebeugt in sich hineinschlürft, Essen in sich hineinschaufelt oder nach hinten gelehnt einzelne Happen in seinen Mund katapultiert. Man isst sehr viel bewusster. Was übrigens auch gut ist für die Linie.

Dasselbe gilt fürs Stehen und Gehen. Nicht umsonst wird von «königlicher Haltung» gesprochen, einem geraden, aufrechten, erhabenen Gang. Man stelle sich Elisabeth II. vor, wie sie zum Altar schlurft, um ihre Krone entgegenzunehmen. Nein, zu solchen Anlässen schreitet man. Eine gerade Haltung zeugte jahrhundertelang von hohem Stand. Denn schließlich waren das die Menschen, die sich nicht mit harter, körperlicher Arbeit den Rücken krumm machen lassen mussten.

Dafür trugen die Damen, bisweilen sogar auch die Herren, Korsett. Denn ein Korsett oder Mieder sollte schließlich die Figur formen, passend natürlich zur jeweiligen Mode. Es ging in erster Linie darum, dem Schönheitsideal der jeweiligen Zeit zu entsprechen. Deshalb waren Korsetts auch vor allem Frauensache. Bekannt sind Mieder seit dem 16. Jahrhundert, und sie hielten sich in unterschiedlichen Schnürungen und Formungen bis in die 1920er Jahre. Und natürlich zwangen diese Mieder ihre Trägerinnen in eine bestimmte Haltung. Kurz vor dem Ersten Weltkrieg beispielsweise übertrieb die Mode derart, dass das Korsett den Unterbauch und die ganze Hüfte nach hinten wegdrückte und damit eine leicht vornübergebeugte, ins Hohlkreuz fallende Haltung begünstigte, die sogenannte S-Linie. Damit wurde das Korsett unbequemer und für den Körperbau schädlicher als je zuvor. Es war sozusagen das letzte Aufbäumen des Mieders, denn kurze Zeit später verschwand es immer mehr.

Heute weiß man, dass die Muskeln selbst wie ein Korsett wirken können. Ihnen verdanken wir unsere Fähigkeit, auf zwei Beinen zu laufen, und damit unsere aufrechte Haltung. Das hebt uns vom Tierreich ab, wir sollten dieses Privileg mit Stolz und einer gewissen Würde pflegen. Im Übrigen macht eine gerade, aufrechte Haltung auch sofort schlanker, jedenfalls erst einmal optisch. Ähnlich den formenden Kräften des Mieders kann man seine Muskeln verwenden, um gleich ein paar Pfunde leichter zu wirken. «Brust raus, Po raus, Bauch rein, Schultern zurück» war die Devise meiner Ballettlehrerin. Und in der Tat, wenn Sie das mal eben vor dem Spiegel versuchen wollen: Die königliche Haltung macht doch gleich *bella figura*. Und nun die Gegenprobe: Schultern hängen lassen, den Bauch vorschieben, den Kopf halslos in den Brustkorb sinken lassen. Wenig elegant und gleich irgendwie kugeliger, oder?

Also schnell zurück zu der aufrechten Haltung und der imaginären Krone auf dem Kopf. Schöner Nebeneffekt: Damit trainiert man sogar ein paar innere Muskeln.

Und man soll nicht meinen, mit dem Körper höre das Thema äußere Haltung schon auf. Es fängt erst an. Wie vor Jahrhunderten mit dem Mieder drückt sich die äußere und damit eben auch die innere Haltung in der Art und Weise aus, wie man sich anzieht. Nicht umsonst heißt es ja «Kleider machen Leute». So zieht man sich zu bestimmten Gelegenheiten auch besonders an, um einem Moment, der wichtig ist oder feierlich, in angemessener Haltung zu begegnen. Und es ist interessant, wie unterschiedlich der Mensch sich verhält, je nachdem, was er trägt. Der ZEIT-Autor Jens Jessen behauptete im Juni 2004 in einem Artikel über Mode («Wie man sich in Deutschland kleidet»), dass sie eine Sprache sei, also Ausdruck von etwas. Er attestierte den Deutschen eine völlige Unkenntnis dieser Tatsache, was dadurch zum Ausdruck komme, dass der Deutsche Kleidung in erster Linie als etwas Praktisches und vor allem als Privatangelegenheit ansehe:

«Eine solche Haltung wäre in romanischen Ländern undenkbar. Mit anderen Worten: Es fehlt in Deutschland der Stolz, mit dem der italienische Kioskbesitzer sich selbstverständlich wie ein Graf zu kleiden versteht. Weit davon entfernt, eine klassenlose Gesellschaft zu sein, bildet Deutschland eine Gemeinschaft ängstlicher

Untertanen, die sich auch modisch wegducken: nämlich vor dem Zusammenhang von Mode und Gesellschaftsstruktur, der dem deutschen Egalitarismus widerspricht. Selbst der erfolgreiche Aufsteiger muss wenigstens in seinen Lebensgewohnheiten – mindestens in dem, was er auf dem Leib trägt – noch im alten Milieu Bodenhaftung halten; sonst würde ihm übel werden vom Höhenschwindel. Daher haben Aufsteiger oft einen gesteigerten Klassenhass auf ‹die da oben› – weil ihnen dort oben, wo sie inzwischen angekommen sind, nicht wohl zumute ist. Ballonseide am Steuer des Luxuswagens, Trainingshosen im Garten der frisch erworbenen Villa im Berliner Nobelstadtteil Grunewald sind Ausdruck jener Sehnsucht, die persönlich verlorene Volksverbundenheit – und mit ihr das soziale Gewissen – wenigstens noch einmal im Medium der Kleidung herzustellen.»

Der Kioskbesitzer, der aussehen will wie ein Graf; der Aufsteiger im Trainingsanzug mit Drang zur Volksverbundenheit und Hass auf «die da oben»: Mode und wie man sich kleidet ist auch Ausdruck einer inneren Haltung.

Im gegenwärtigen Bekleidungstrend dreht sich ziemlich viel um Funktionalität und Komfort. Der verführerisch anmutende Satz in älteren Filmen: «Ich zieh mir mal eben was Bequemes über», würde heute vermutlich niemandem mehr einfallen, weil ja die Alltagskleidung dank ständig zunehmender Stretchanteile im Material bereits derartig komfortabel ist, dass man sich damit sogar problemlos schlafen legen kann, ohne eingezwickt und zerknittert wieder aufwachen zu müssen.

Eigentlich gibt es keinen Grund mehr, sich überhaupt noch umzuziehen. Man könnte mit derselben Kleidung schlafen, ins Büro oder auf den Spielplatz gehen und danach noch eine Runde Sport treiben. Selbst Abendveranstaltungen sind mittlerweile optisch derartig heruntergeschraubt, dass eigentlich alles geht. Wie oft war ich bei Empfängen, Preisverleihungen oder Galas, für die auf der Einladung der Dresscode «Smoking» vermerkt war, und dann hatte die Hälfte der Männer nicht mal eine Krawatte an. Es gilt heute eher als cool, solche Regeln zu brechen. Man kann das natürlich als Befreiung von Zwängen, von spießigen, überholten gesellschaftlichen Normen begreifen, aber ich gestehe, ich bedauere es manchmal, dass sich eigentlich kaum noch jemand Mühe gibt. Das ist nicht überall so, in vielen anderen Städten oder Ländern hat diese Lässigkeit noch nicht Einzug gehalten. In Wien etwa fällt mir jedes Mal auf, wie gerne man sich dort herausputzt. Das ist einfach schön anzuschauen. An sich ist gegen die neue Bequemlichkeit ja nichts einzuwenden, wenn man nicht Sorge haben müsste – Sie wissen: der Zusammenhang zwischen äußerer und innerer Haltung! –, dass sich das auch auf die innere Verfasstheit der Gesellschaft auswirken könnte.

Derzeitig im Trend vor allem bei jungen Mädchen ist eine Art Gymnastikhose, die zusammen mit Turnschuhen getragen wird. Nichts dagegen einzuwenden, allerdings ist nicht von der Hand zu weisen, dass diese Form der irre bequemen Kleidung eben auch zu irre bequemer Haltung verführt. Wenn der Hosenbund die Röllchen am Bauch nicht mehr zwickt, vergisst man mit der Zeit, dass da welche sind. Mir tut es immer in der Seele weh, wenn ich junge hübsche Mädchen sehe, die mit hängenden Schultern und einem für ihr zartes Alter viel zu krummen Rücken die Straße entlangschlurfen. Welch eine Erscheinung wären sie, wenn sie ein wenig aufrechter gingen. Die Jungs stehen dem übrigens in nichts nach, die tief im Schritt hängenden Hosen zeugen optisch auch nicht gerade von Stattlichkeit.

Wie verhält es sich nun mit der inneren und der äußeren Haltung? Das Wechselspiel zwischen ihnen ist offensichtlich. Dutzende von Karriereberatern machen sich das zunutze und empfehlen zum Beispiel, sich vor wichtigen Gesprächen in gute Stimmung zu versetzen. Denn wenn man sich gut fühle, halte der Körper sich aufrecht, man «strahlt von innen». Das wirkt sofort offener und kompetenter, lautet der Rat. Und tatsächlich sieht man den meisten Menschen ja häufig schon von außen an, wie es ihnen geht. Der Gutgelaunte federt forschen Schrittes durch die Gänge, der Traurige lässt die Schultern hängen. Eine ist von Gram gebeugt, ein anderer macht sich vor lauter Selbstüberschätzung ganz schön breit. Selbst in unserer Sprache gibt es den Zusammenhang zwischen innerer und äußerer Verfasstheit.

Viele Jahre nach dem «Unterricht» meiner Großmutter holte mich das Thema gute Haltung wieder ein. Wie viele Frauen fing auch ich nach der Geburt der Kinder mit Gymnastik an und stieß dabei auf eine interessante Methode namens Cantienica, benannt nach der Schweizerin Benita Cantieni, die sich sehr eingehend mit Muskelapparat und Anatomie des Menschen beschäftigt und daraus Übungen für die Tiefenmuskulatur entwickelt hat. In Fitnessstudios trainiert man ja meist eher die äußeren, sichtbaren Muskeln, hier aber geht es um das Geflecht von inneren Muskeln, das unseren Körper durchzieht und dafür sorgt, dass wir aufgerichtet sein können. Es ist erstaunlich, wenn man spürt, wie alles zusammenhängt und man wirklich, nach ein bisschen Training, merkt, wie sich die Silhouette verändert. Hätten Sie gedacht, dass Haltung auch eine ganze Menge mit unserem Beckenboden zu tun hat?

Wer also Haltung zeigen will, kann ja mal beim Äußeren anfangen.

Eine kleine Übung zwischendurch:

Wenn Sie das nächste Mal an der Bushaltestelle warten oder in der Schlange im Supermarkt, am Postschalter, dann versuchen Sie einfach mal, gerade zu stehen. Verankern Sie Ihre Füße fest auf dem Boden. Mit flachen Schuhen ist das einfacher, aber für Geübte funktioniert das sogar auf Pumps. Das Gewicht verlagert man ein wenig nach hinten, gerade so viel, dass man nicht umkippt. Allein das ist erstaunlich: wie viel Luft da noch ist. Wir alle neigen nämlich dazu, nach vorne gebeugt zu stehen und zu gehen. Die Knie drücken Sie ausnahmsweise mal nicht voll durch, sondern lassen sie einen Tick entspannt. So, als würde man bei einer alten Gartenliege das Gelenk nicht voll einrasten lassen. Durchgedrückte Knie sind ein Zeichen reiner Bequemlichkeit, denn dann ruhen sich die Oberschenkel und der Rumpf mit seinem ganzen Gewicht auf den Knien aus, die das zwar eine Zeitlang aushalten, aber nicht ein Leben lang gutheißen. Sie lassen Ihre Knie also ein bisschen locker, gerade so viel, dass man es nicht sieht. Dann müssen nämlich Ihre Oberschenkelmuskeln die Arbeit machen. Das Becken, der Po ziehen gen Boden. Aber alles darüber strebt nach oben. Der Kopf ist gerade, der Scheitel will gen Himmel. Denken Sie an die Krone! Genauso der Brustkorb. Damit strafft man automatisch seine Schultern, die Schulterblätter fließen nach unten, das Kinn reckt sich kess nach vorne. Nicht zu weit. Nur ein bisschen, die anderen Wartenden in der Schlange sollen Sie ja nicht komisch ansehen. So aufgespannt bleiben Sie stehen, bis Sie an der Reihe sind. Alles arbeitet jetzt in Ihrem Körper, die Oberschenkelmuskeln müssen sich anstrengen, die Bauchmuskeln ebenso. Die Rückenmuskulatur hat zu tun. Alles nur ein bisschen. Aber wenn Sie das durchhalten, haben Sie sogar ein kleines Workout bestanden, das Sie am nächsten Tag mit ein klein wenig Muskelkater merken könnten. Wer das im Stehen geübt hat, kann im Gehen weitermachen. Wer derart aufgerichtet einen Raum betritt, im Büro, auf dem Amt, im Lokal, wird ganz anders wahrgenommen.

Und dann das Sitzen. Das ist anstrengend. Wir sitzen so viel, diese Zeit kann man nutzen. Der Po verankert sich in dem Stuhl, die Beine sind fest auf den Boden gestellt, der Oberkörper macht es sich nicht an der Lehne bequem, sondern ist gerade. Jedes Essen wird damit zum kleinen Bauchmuskeltraining. Sie müssen nichts anderes machen, Sie müssen nur aufrecht sein!

WAS UNS IM INNEREN ZUSAMMENHÄLT

Mit der inneren Haltung ist es etwas komplizierter als mit der äußeren, weil sie sehr viel schwerer zu fassen und in Worte zu kleiden ist.

Der Duden nennt innere Haltung eine Grundeinstellung, die das Handeln und Denken des Einzelnen prägt. Man kann eine religiöse Haltung haben, eine liberale, eine konservative, eine ablehnende, eine fortschrittliche, um nur ein paar Beispiele zu nennen.

Das Einzige, was nicht geht, ist – keine Haltung zu haben. Man kann Dingen, Themen, Menschen nicht haltungslos begegnen. Die Haltung ist so etwas wie ein inneres Geländer, ein Gerüst, etwas, mit dem wir die Welt bewerten. Genährt aus unserer Erziehung, Bildung, aus Erfahrungen, die wir gemacht haben, persönlichen Erlebnissen und Begegnungen mit anderen. Auch der kulturelle, geschichtliche Hintergrund spielt hinein. Die eigene Haltung ist einem vielleicht gar nicht so direkt bewusst. Aber sie ist immer da, sie scheint in jeder Handlung durch. Und sie ist zunächst einmal etwas Persönliches.

Meine Kindheit und Jugend zum Beispiel spielte sich in

einer westdeutschen Großstadt ab. Westdeutsch ist in diesem Fall wichtig, weil die Sozialisierung in Ost- und Westdeutschland, wie man heute mehr und mehr bemerkt, doch sehr unterschiedlich war.

Geboren bin ich Anfang der siebziger Jahre. Zeit des Kalten Krieges. Klare Pole. Auf der einen Seite wir, der Westen – auf der anderen Seite die, der Osten. Die Grenze sogar im eigenen Land. Teile meiner Familie mütterlicherseits stammen ursprünglich aus Sachsen, meine Großmutter musste mit meiner Mutter fliehen wie so viele Mütter mit ihren Kindern. Später wohnte die Familie in Berlin, wuchs – dann erneute Flucht. Meine Großeltern verließen Berlin mit vier Kindern im November 1961, drei Monate nachdem die Mauer gebaut worden war. Dabei wohnten sie in der Westzone. Aber die Angst vor den Russen saß tief bei meinem Großvater, warum, hat er nie erzählt. Als es bei vielen in Deutschland schon langsam bergauf ging, musste sich die Familie abermals ein neues Leben, eine neue Existenz aus dem Nichts in einer neuen Stadt aufbauen. München. Die Bayern waren nicht nett zu Menschen aus Berlin, den «Saupreißen». Das bekamen die Kinder zu spüren, meine Mutter. Ich habe diese Geschichte oft gehört.

Meine Großmutter väterlicherseits war auch geflohen, 1945 mit Baby und Kleinkind aus den sogenannten Ostgebieten, aus Schlesien. «Omi, erzähl uns von der Flucht», bettelten wir als Kinder immer. konnten nicht genug kriegen von den Geschichten aus überfüllten Zügen, den langen Trecks, dem Leiterwagen, auf dem mein dreijähriger Vater stand, dem riesigen Flüchtlingslager, in dem geklaut wurde, und schließlich dem Bauernhaus, in das die kleine Familie zugeteilt wurde. Gehen müssen, sein Spielzeug nicht mitnehmen können, sein gemütliches Bettchen nicht mehr zu haben, im Bahnhof auf dem Boden zu schlafen, zu fünft in einem Dachzimmer auf einem Bauernhof zu leben – das war für uns unvorstellbar. Wir hörten zu mit einer Mischung aus Spannung und Grusel.

Wie in so vielen deutschen Biographien spielt das Thema Krieg und Vertreibung auch in meiner eine Rolle. Ich war nicht betroffen, aber solch einschneidende Erlebnisse hinterlassen über Generationen ihre Spuren in Familien. Eben, weil daraus Haltungen geprägt werden. Haltungen, die sich auch vererben.

Die Erkenntnis, die ich aus den Fluchtgeschichten meiner Familie zog, war, dass jeder zum Flüchtling werden konnte, sogar meine Eltern; dass es nicht eigene Schuld ist, dass es einem einfach passieren kann. Dass man seine Heimat ein Leben lang vermisst. Dass man darauf angewiesen ist, freundlich aufgenommen zu werden, dass Hände gereicht werden und nicht Türen zugeschlagen. Dass man stark sein muss, dass Jammern nichts hilft, dass man sich eben durchschlagen muss. All das.

Ich nehme an, die Erfahrungen meiner Großmütter und Eltern haben auch meine Gefühle zum Thema Flucht geprägt. Dass aber die gleichen oder zumindest ähnliche Erfahrungen trotzdem zu ganz unterschiedlicher Haltung führen kann, hat mir ein Briefwechsel mit einem Zuschauer verdeutlicht, den ich just in der Zeit hatte, als dieses Buch entstand.

Er schrieb mir, während in Deutschland gerade heftig über den Mord an der 14-jährigen Susanna aus Mainz diskutiert wurde. Das Mädchen, das erst vergewaltigt und dann getötet wurde, mutmaßlich von einem Flüchtling aus dem Irak. Der Zuschauer sandte mir eine wütende Mail, in der er unter anderem mich für den Tod des Mädchens verantwortlich machte, weil meine Sendung und ich Toleranz und Offenheit gegenüber Flüchtlingen vertreten hätten.

«Man kann Ihre politische Medienarbeit nicht hoch genug wertschätzen. Sie haben über viele Jahre hinweg intensiv daran mitgewirkt, dass der gesellschaftliche und politische Nährboden entstehen konnte, der diesen erschreckenden Anstieg von einschlägiger Kriminalität erst möglich gemacht hat. Jeden Tag sexuelle Belästigung, jede Woche Vergewaltigung und jeden Monat ein Mädchenmord. – Welch eine beeindruckende Bilanz Ihrer Medienarbeit. Da bleibt nur zu sagen: Respekt! So weit muss man ein Volk erst mal bringen!»

Ich antwortete ihm. Anscheinend hatte er damit nicht gerechnet, denn er bedankte sich dafür und schrieb, er sei mir eine Erklärung schuldig. Und begründete seine Haltung gegenüber Flüchtlingen mit seiner Biographie:

«Ich stamme aus einer Flüchtlingsfamilie. Meine Mutter floh im Februar 1945 aus Pommern über Stettin in den Westen, nur mit einem Bündel Habseligkeiten und einem Kinderwagen, darin meine beiden älteren Brüder, die an Diphtherie litten. Mein Vater war Taucher bei der Marine und saß zu dieser Zeit bereits irgendwo in England in Kriegsgefangenschaft. (...)

Diese wochenlange Flucht, die von lebensbedrohlichen Situationen und ständiger Todesangst begleitet wurde, hatte meine Mutter für den Rest ihres Lebens traumatisiert. Immer dann, wenn im Fernsehen irgendetwas über den Weltkrieg oder auch moderne Kriege berichtet wurde, dann verließ meine Mutter sofort das Wohnzimmer. Sie setzte sich in die Küche, vergrub das Gesicht in ihren Händen und weinte still vor sich hin. Sie hat die Flucht nie verarbeitet und zeitlebens darunter gelitten. (...) Oftmals weinte sie nicht alleine. Es gab ja noch meine Tante, eine verzweifelte Kriegerwitwe, die ebenfalls unter Lebensgefahr aus Berlin geflüchtet und in Bielefeld, im Haus meiner Großeltern, gestrandet war. Ihr Mann war irgendwo in Russland verschollen und man hat nie wieder etwas

43

von ihm gehört. So saßen sie da, und dann weinten und schluchzten sie gemeinsam. – Das hat meine gesamte Kindheit und Jugend begleitet. So bin ich aufgewachsen. Es soll mir bitte niemand erklären, was Flüchtlingselend bedeutet.»

Eine ähnliche Familiengeschichte wie meine. Nur war seine Schlussfolgerung eine ganz andere:

«Diese Erfahrungen haben im Ergebnis dazu geführt, dass ich im Alter von 10 Jahren zu der Erkenntnis gekommen bin: Ein Mann muss stark sein. Ein Mann muss das Leid ertragen können. Ein Mann muss behüten und beschützen. – Er darf nicht losziehen, um Unheil über die Welt zu bringen. Ein Mann muss aufrichtig sein.

Mit dieser Grundeinstellung ist es mir also prinzipiell nicht möglich, auch nur das geringste Verständnis für die Horden von muslimischen Männern aufzubringen, die wir fälschlicherweise Schutzsuchende nennen. – Ich verachte diese Männer für ihre Feigheit, ihre Rücksichtslosigkeit und für ihren unverschämten und primitiven Egoismus. – Mehr noch, ich sehe in dieser Zuwanderung eine ernstzunehmende Bedrohung für unsere Gesellschaft, die unbedingt und rigoros gestoppt werden sollte.»

Die innere Einstellung dieses Mannes ist also anscheinend auch geprägt durch das Leid, das seine Mutter und Tante erfahren haben. Er hat für sich daraus gefolgert, dass Männer die Starken sein müssen, die Frauen beschützen. Etwas, das er den flüchtenden Männern in der Gegenwart offenbar abspricht. Ich wiederum habe aus der Fluchtgeschichte meiner Großmütter mitgenommen, dass Frauen stark sind. Dass sie alleine zurechtkommen, dass sie selbst auf sich aufpassen können, dass es auch funktioniert, wenn die Männer nicht da sind. Obwohl sicher meine beiden Großmütter die Anwesenheit ihrer Männer bevorzugt hätten.

Das heißt: Das Bewusstwerden unserer Geschichte allein erklärt noch nicht unsere Haltungen. Die Frage ist vor allem, wie wir mit ihr umgehen, was wir aus den Erfahrungen unserer Vorfahren ziehen, was wir für unsere Gegenwart daraus machen. Bei dem Autor des Briefes ist daraus eine Ablehnung des Fremden (vor allem des fremden Mannes) geworden. Auch eine Geringschätzung von Frauen ist im Ton seiner Briefe auszumachen. Sie sind für ihn das «schwache» Geschlecht, dem er als Mann sagen muss oder kann, was es zu tun und zu lassen und vor allem zu denken hat.

Der bekannte Filmproduzent Nico Hofmann, der in Deutschland große Fernsehspiele wie «Die Flucht» oder «Unsere Mütter, unsere Väter» produziert und sich in seiner Arbeit sehr stark mit genau dieser Zeit auseinandergesetzt hat, schrieb just in diesem Jahr ebenfalls ein Buch über Haltung («Mehr Haltung bitte!»). Er nimmt darin stark Bezug auf die Geschichte seiner Eltern und deren Generation. Er schreibt:

«Haltung, also der Blick, mit dem wir auf die Welt schauen und die Kraft, die uns für etwas einstehen, etwas richtig oder falsch finden, die uns ebendiese Welt gestalten lässt, kommt nicht von ungefähr. Haltung entsteht aus der Verarbeitung unserer eigenen Lebenserfahrungen. Aus den Brüchen, die wir in unserem Leben erleben oder die wir selbst herbeiführen. Und aus der Konsequenz, mit der wir mit ihr umgehen.»

Nun macht die Geschichte unserer Vorfahren nur einen Teil unseres Selbst aus, für die Haltung aber ist es sicher wichtig, wie wir uns dazu stellen, wie wir mit der Vergangenheit umgehen, welche Lehren und Erkenntnisse wir daraus ziehen. Den weitaus größeren Part für unsere Haltung nehmen sicher die Erfahrungen ein, die wir selbst zeit unseres Lebens machen. Die Erziehung im Elternhaus spielt eine große Rolle, Prägungen durch die Gesellschaft, die Schule. Und da ist meine Biographie vermutlich ziemlich typisch für jemanden, der in den Siebzigern in Westdeutschland geboren wurde.

Ab und zu fuhren wir nach Berlin, durch die DDR. Man musste sich ganz ruhig verhalten auf dem Rücksitz. «Sagt kein Wort, Kinder, bis wir durch die Zone durch sind», wurde uns eingebläut. Niemand sagte DDR bei uns, es hieß: «die Zone». Auch unsere Geschichtslehrerin erklärte uns Mitte der achtziger Jahre im Unterricht, sie würde nicht DDR sagen. Wir Schüler könnten in unseren Arbeiten die Abkürzungen BRD und DDR gerne verwenden, aber die Lehrer hätten entschieden, es nicht zu tun. Denn damit akzeptiere man, dass es zwei Deutschlands gebe. Das war die Linie der CDU/CSU. Schule war kein neutraler Raum.

Die im Osten, das waren für mich die, die nichts hatten. Denn sie bekamen Pakete von uns, Ostpakete. Mit meinen alten, abgetragenen Anoraks oder Jeans darin, einem Päckchen Kaffee, Schokolade, Nylonstrumpfhosen. Sie gingen nach Leipzig, nach Jena, nach Jüterbog. Dahin, wo noch entfernte Verwandtschaft wohnte.

Der Osten, die Sowjetunion, war Bedrohung. Abends in den Nachrichten Bilder von alten, grauen Männern, die auf Tribünen standen und grimmig auf vorbeifahrende Panzer und marschierende Soldaten blickten. In den USA winkte lächelnd ein Mann mit dunklem, leicht gewelltem Haar von der Treppe einer Pan-Am-Maschine. «Er hat mal in Westernfilmen mitgespielt», sagte mein Vater. Der amerikanische Präsident, ein Cowboy.

Die Bilder der Raketen, die ich als Kind nicht einordnen konnte, die bedenklichen Blicke der Erwachsenen, wenn es um Atombomben ging, später Filme wie «War Games», in denen ein kleiner Junge durch ein Computerspiel fast den atomaren Endschlag auslöst, «The Day After», der die

Zeit nach einem Atomanschlag zeichnete. All das prägte meine Kindheit.

Im Studium wiederum, als ich mich intensiv mit der Zeit nach dem Zweiten Weltkrieg und der Gründung der Vereinten Nationen auseinandersetzte und mehr Zugang zu Quellen bekam, verstand ich, dass dieses Schwarz-Weiß-Bild, welches ich in meiner Jugend vermittelt bekam, viel zu einfach war. Auch die russische Seite hatte ihre Demütigungen hinnehmen müssen und die Amerikaner waren nicht nur die Guten. Diese Erfahrung wiederum prägte oder bestärkte meine Haltung, sich nicht mit zu einfachen Erklärungsmustern zufriedenzugeben. Die Welt ist komplex. Und nicht gut oder böse. Bis heute tue ich mich schwer mit vermeintlichen Erklärungen, die nichts anderes sind als ein schnelles Urteil.

Ich bin aber auch in jene Zeit hineingeboren, in der die Kämpfe der Jugend gegen die Sprachlosigkeit ihrer Eltern über die NS-Zeit schon ausgefochten waren. In eine Zeit, in der die grundlegenden Elemente der Demokratie bereits verhandelt waren. Man muss ja nicht glauben, die Demokratie sei 1945 mit Kriegsende oder 1949 zur Gründung der Bundesrepublik dann einfach so da gewesen. Sie war theoretisch skizziert, im Grundgesetz, deren Verfasser sich alle Mühe gegeben hatten, die Ursachen für Diktatur und Unterdrückung ein für alle Mal zu beheben. Einer klugen Verfassung. Aber dieses Grundgesetz war zunächst einmal ein Stück Papier. Ich habe erst viel später begriffen, als ich mich mit der Geschichte des kritischen Journalismus, auch mit der Geschichte von *Panorama* beschäftigt habe, die ja ein kritischer Spiegel vor allem der politischen Geschichte der Bundesrepublik ist, dass dieses papierene Grundgesetz erst mit Leben erfüllt werden musste. Dass demokratische Prozesse, die Begrenzung von Macht, die Trennung und Aufteilung von Gewalten, der Rechtsstaat nicht vom Himmel gefallen sind, sondern erst mit ziemlich viel Mühe erkämpft werden mussten. Es war in der jungen Bundesrepublik nicht selbstverständlich, dass sich Politiker in ihren verfassungsgemäßen Schranken bewegen, dass die Bürger politische Entscheidungen hinterfragen, dass eine Presse kritisch und frei berichten kann. Es war nicht selbstverständlich, dass sich der Einfluss der Kirche auf eine mahnende Stimme beschränkt, die man hören kann, aber nicht muss. Es war auch nicht selbstverständlich, dass Frauen und Männer gleiche Rechte haben.

Als ich geboren wurde, war all das schon so selbstverständlich, dass ich zunächst nicht darüber nachdachte. Heute weiß ich: Diese Demokratie, dieser Rechtsstaat müssen gelebt werden. Selbstverständlich bedeutet nämlich nicht: ewig gültig. Manchmal werden auch grundlegende Selbstverständlichkeiten wieder in Frage gestellt. Gut, wenn man dazu eine Haltung hat.

Meine Jugend wurde, wie in vielen Schulen Westdeutschlands üblich, von einer intensiven Auseinandersetzung mit der NS-Zeit geprägt. Ich las das Tagebuch der

Anne Frank und «Als Hitler das rosa Kaninchen stahl», wir sprachen über Sophie Scholl und besuchten in München die Universität, vor deren Audimax die Flugblätter der Weißen Rose von der Balustrade herabflatterten und die nun in Stein gemeißelt als mahnendes Zeichen für immer in den Fußboden eingelassen sind. Wir fuhren an unserem Wandertag zur Gedenkstätte des Konzentrationslagers Dachau. Über Hitler hinaus kamen wir im Geschichtsunterricht nicht. Ich gehöre zu der Generation, der eingeimpft wurde, dass so etwas nie, nie wieder geschehen darf. Dass die deutsche Geschichte ein grausames Lehrstück darüber ist, was Menschen Menschen antun können, wohin Rassismus und die Vorstellung, etwas Besseres zu sein, führen können, und vor allem auch, wie wenig man auf den Mut oder – um beim Thema zu bleiben – die Haltung der Masse setzen kann, wenn sich die Macht in den Händen Einzelner derartig konzentriert und missbraucht wird.

Von daher ist meine Haltung zu Flucht und Vertreibung, zu Unterdrückung und Verfolgung von Minderheiten nicht nur meine persönliche, sondern wird in großen Teilen Deutschlands geteilt.

Denn auch wenn sich Haltung in jedem individuell herausbildet, so gibt es dennoch auch etwas, das man gesellschaftliche Haltung nennen könnte. Es ist die innere Verfasstheit, die Grundeinstellung in einem Land zu bestimmten Themen oder Entscheidungen. In Deutschland hat man zum Beispiel eine ganz andere Haltung zum Thema Datenschutz als in den USA. Wir sind sehr viel kritischer, geben weniger gern Persönliches preis. Vielleicht, weil ein Teil Deutschlands stark unter Überwachung gelitten hat. In den USA kann man diese Aufregung um Daten nicht richtig nachvollziehen. Mit dem Thema Nacktheit dagegen geht man hierzulande viel offener und unverkrampfter um als in den USA. Aktien wiederum betrachtet man eher zurückhaltend, Unternehmen gründet man nicht so schnell wie in den USA. Scheitern gilt nicht als natürlicher Moment auf dem Weg zum möglichen Erfolg, sondern als Niederlage. Offenheit technischen Neuerungen gegenüber ist nicht selbstverständlich. Das zeigt auch die schleppende Digitalisierung. In Deutschland gibt es kein Silicon Valley.

Wie die Haltung in einer Gesellschaft, die gemeinsame Weltanschauung aussieht, kann man auch an geltenden Tabus ablesen. Also die stillschweigenden Übereinkünfte in einer Gesellschaft über Dinge, die man nicht tut, und Äußerungen, die man nicht macht. Das Brechen von Tabus wird von der Gemeinschaft üblicherweise mit Ächtung, mit Ausgrenzung bestraft. Man zeigt zum Beispiel keine toten Menschen, sie werden bedeckt. Bestimmte Formen der Sexualität sind ein absolutes Tabuthema: Sodomie, Pädophilie, Inzest. Dafür gibt es auch gute Gründe, sowohl gesundheitlicher als vor allem auch ethischer Natur.

Jede Gesellschaft hat auch ihre eigenen Tabus. In

Deutschland etwa gehört alles dazu, was die NS-Zeit verharmlosen oder relativieren könnte. Die Leugnung des Holocausts steht unter Strafe, das Zeigen des Hitlergrußes ist ebenso verboten wie das Symbol des Hakenkreuzes. Die erste Strophe des Deutschlandliedes singt man nicht und man verwendet auch keine Sprache der Nazis. Ich erinnere mich an erboste Anrufe in der Redaktion, wenn ein Reporter unbedacht die Formulierung «Nacht-und-Nebel-Aktion» verwendet hatte. Ob man denn nicht wisse, dass dieser Begriff auf den sogenannten «Nacht- und Nebelerlass» Hitlers zurückzuführen sei, mit dem die Wehrmacht 1941 Widerstandskämpfer hingerichtet oder ins Konzentrationslager gebracht hatte. Ob man denn als ordentlicher Journalist sich wirklich die Sprache der Nazis zu eigen machen wolle. Solche Anrufe gibt es heute nicht mehr. Die «Nacht-und-Nebel-Aktion» dagegen ist geblieben. Und ein paar Begriffe mehr aus der Nazizeit, die inzwischen als kalkulierter Tabubruch von bestimmten Kreisen eingestreut werden.

Tabus können auch fallen.

Was positiv sein kann. Man denke zum Beispiel daran, dass Homosexualität oder Sex vor der Ehe lange Zeit als völlig intolerabel galten, öffentlich totgeschwiegen oder geächtet wurden und gesetzlich unter Strafe standen. Erst nach langen, harten Auseinandersetzungen innerhalb der Gesellschaft wurden diese Tabus langsam aufgelöst, auch wenn bis heute Reste davon deutlich zu spüren sind. In anderen Ländern werden Homosexuelle immer noch verfolgt.

Dass in Deutschland der Missbrauch von Schutzbefohlenen durch katholische Priester an die Öffentlichkeit kam, lag an einem Momentum. Ein Momentum, in dem sich die Haltung der Gesellschaft zum Einfluss der Kirche verändert hatte. Dass Priester Kinder missbrauchen, war auch 20 Jahre zuvor immer mal wieder berichtet worden, hatte aber nie großes Aufsehen erregt. Es wurde einfach totgeschwiegen, weil die Kirchenhörigkeit noch so ausgeprägt war. Erst im Jahr 2010, als das Canisius Kolleg über massenhaften Missbrauch in den siebziger und achtziger Jahren informierte, war die Gesellschaft bereit zuzuhören.

Die Haltung zu bestimmten Themen kann sich also mit der Zeit verändern. Was für die Fortentwicklung einer Gesellschaft von enormem Vorteil sein kann.

Aber gibt es Haltungen, die sich nicht verändern sollten, die nicht nur uns, sondern das ganze Gemeinwesen prägen und ausmachen können? Ich denke, ja. Man könnte sagen, dass die ersten 19 Artikel des Grundgesetzes, also die Grundrechte, eine Art Katalog für unabänderliche gesellschaftliche Haltung darstellen. Denn als was sollte man die Achtung der Würde, die Einhaltung der Menschenrechte, das Recht auf Entfaltung, auf Leben und Unversehrtheit, die Gleichberechtigung von Männern und Frauen und das Verbot, Menschen aufgrund ihres Geschlechts, ihrer

Herkunft, Religion, Sprache, Anschauungen zu benachteiligen anders begreifen, denn als eine Vorgabe für die innere Grundhaltung der deutschen Gesellschaft.

Die Frage ist nur, wie lange hat diese Übereinkunft, diese Verständigung über Haltung innerhalb der Gesellschaft noch Gültigkeit? Wird sie gerade neu verhandelt? Kann man noch von einer gemeinsamen gesellschaftlichen Verständigung ausgehen? Gibt es noch allgemeingültige Werte, eine allgemeingültige innere Haltung, die von allen, zumindest von der Mehrheit anerkannt wird? Wie wichtig wird es für unsere individuelle Haltung sein, wenn gesellschaftliche Haltungen in Frage stehen? Haltung zeigt sich jedenfalls dann am klarsten, wenn es ernst wird.

Die allgemeinen Menschenrechte wurden am 10. Dezember 1948 von der Generalversammlung der Vereinten Nationen verkündet. «Alle Menschen sind frei und gleich an Rechten und Würde geboren» (Artikel 1). Was für ein Satz! Wie viele Jahrhunderte Krieg und Auseinandersetzung sind ihm vorausgegangen. Was musste nicht alles überwunden werden, um dahin zu gelangen! Die Sklaverei, das Lehnswesen, die Ständegesellschaft mit ihren Privilegien für Adel und Kirche, die Herabsetzung von Frauen. Man kennt diesen Satz so gut, dass man gerne darüber hinwegliest, aber man muss sich immer einmal wieder die Dimension dieser Aussage klarmachen.

Ich glaube, es ist dieser Satz, der meine innere Haltung am tiefsten prägt. Alle Menschen sind gleich. Das bedeutet, keiner ist zunächst einmal besser als der andere. Der Chef nicht besser als seine Mitarbeiter, der Mann nicht besser als die Frau, der Deutsche nicht besser als der Ausländer. Wenn ich über die Haltung sprechen soll, die sich in mir herausgebildet hat, dann denke ich, es ist ein ausgeprägter Sinn für Gerechtigkeit. Ich verteidige Flüchtlinge nicht, weil ich ein «links-rotgrünversiffter Idealist» bin, wie mir meine Kritiker gerne vorwerfen. Es geht mir überhaupt nicht darum, woher sie kommen; ich fordere auch mitnichten, dass alle nach Deutschland kommen sollen. Mir geht es darum, dass man jedem Menschen erst einmal unvoreingenommen begegnen sollte. Es geht darum, die Menschen gleich zu behandeln.

Meine Haltung ist dann gefordert, wenn ich merke, dass Menschen sich über andere erheben. Ich kann es nicht leiden, wenn Leute zum Beispiel Kellner schlecht behandeln oder Putzfrauen. Warum, weil sie sich als etwas Besseres fühlen? Wenn ein Kellner unfreundlich ist, goutiere ich das nicht, aber ich bin nicht erhaben, weil er mich bedient. Der Firmenchef ist kein besserer Mensch, weil er der Boss ist und der andere «nur» der Lagerarbeiter. Dass Frauen immer noch sexistisch herabgesetzt werden, dass sie sich viel mehr anstrengen müssen, weil ihr Können immer wieder angezweifelt wird, und zwar nur, weil sie Frauen sind, macht mich fuchsig. Nicht, weil ich glaube, dass Frauen besser sind als Männer, sondern weil sie nicht gleich behandelt werden. Alle Menschen sind gleich. Was nicht heißt: Alle Menschen sind gut. Aber alle Menschen haben das gleiche Recht, als Mensch behandelt zu werden. Das gleiche Recht auf Würde.

DÜRFEN JOURNALISTEN HALTUNG ZEIGEN?

Als Journalistin werde ich immer wieder mit der Frage konfrontiert, ob wir als «neutrale» Berichterstatter denn Haltung haben dürfen beziehungsweise haben sollten. Kürzlich wurde etwa debattiert, ob Journalisten privat ihre politische Meinung in sozialen Netzwerken wiedergeben sollen. Oder ob sie zum Beispiel an Anti-AfD-Demonstrationen teilnehmen können.

Gerade in dieser Zeit, in der so stark um den Einfluss der Medien gerungen und ihre Glaubwürdigkeit in Frage gestellt wird, in der es so viele alternative Angebote im Netz gibt, taucht diese Frage nach dem Selbstverständnis und der Haltung von Journalismus immer wieder auf.

Um eine schnelle Antwort zu geben: Natürlich dürfen Journalisten Haltung haben. Sie sind Menschen und Bürger wie alle anderen, wieso sollte man ihnen dieses Recht absprechen? Die Meinungsfreiheit gilt schließlich auch für Journalisten. Natürlich dürfen auch sie in sozialen Netzwerken unterwegs sein, die ja meist reine Plattformen für Kommentare sind und keine Pressefunktion haben. Und selbstverständlich kann ein Journalist auch an Demonstrationen teilnehmen. Es ist wie immer eine Frage des Maßes. Die Frage, wann ich die Haltung, die ich habe, auch zeigen sollte. Wenn ich nun in einer Redaktion der eingeteilte Berichterstatter über die AfD bin, finde ich es persönlich ungeschickt, bei einer Demonstration gegen diese Partei mitzulaufen. Genauso wenig würde ich mich, wenn mein explizites Berichtsgebiet der Handel ist, auf einer Anti-TTIP-Demo engagieren. Ich finde, da ist ein gewisses Maß an Zurückhaltung für die Glaubwürdigkeit des Journalistenjobs eher zuträglich.

Die Frage, ob und wie viel Haltung im Journalismus erlaubt sein kann und darf, hat sich mir lange nicht gestellt. Für mich war es selbstverständlich, dass man als Journalist auch eine Haltung hat. Bei mir gehörte das sogar zu den Jobkriterien. Wer *Panorama* moderiert, sagt ja nicht einfach nur Beiträge an, sondern moderiert mit einer Haltung, wurde mir immer gesagt. Man mag sich all diese bekannten Fernsehmänner vorstellen: Peter Merseburger, Gert von Paczensky, Klaus Bednarz als einfache Ansager irgendwelcher Filmchen. Gerhard Löwenthal vom ZDF oder Karl-Eduard von Schnitzler vom Schwarzen Kanal, undenkbar als Figuren ohne Haltung. Sie wurde ja geradezu zur Schau getragen, das war es ja, was sie ausmachte, es machte sie auch berechenbar. Wer das *ZDF-Magazin* mit Gerhard Löwenthal einschaltete, wusste, was ihn erwartete. Auch bei Klaus Bednarz in *Monitor* war einem bewusst, dass man über Franz Josef

Strauß voraussichtlich keine Jubelberichterstattung zu sehen bekommen würde. Haltung zu zeigen war geradezu eine Adelung.

Die Frage, ob man als Journalist eine Haltung haben und sie auch zeigen darf, trat genau am 6. August 2015 in mein Leben. Es war der Morgen, nach dem ich den Kommentar in den *ARD-Tagesthemen* über Hass und Hetze gegen andere Menschen, vor allem Flüchtlinge, gesprochen hatte. Es war die Zeit, in der man fast täglich in den Nachrichten davon hörte, dass wieder ein Anschlag auf ein Flüchtlingsheim verübt wurde, dass sich irgendwo ein wütender Mob zusammengefunden hatte, der «Der Dreck muss weg» und «Ausländer raus» brüllte, gleichzeitig liefen immer mehr Menschen über die Grenzen nach Deutschland. Die Bundesregierung machte Sommerpause, von der Politik war nichts zu hören. Und so habe ich – mit einigem Verve – an diesem Abend in den *Tagesthemen* formuliert, dass rassistischer Hass, dass Herabwürdigung von Menschen aufgrund ihrer Herkunft, Religion, Hautfarbe nicht zu tolerieren ist.

An sich, wie ich dachte, eine Selbstverständlichkeit, schließlich steht das sogar im Grundgesetz. Aber anscheinend traf ich damit einen Nerv. Dieser Kommentar ist mittlerweile fast 20 Millionen Mal im Netz abgerufen und tausendfach kommentiert worden, er hat es in die internationale Presse geschafft, sogar die *Washington Post* wollte ein Interview. Er hat mir den Titel «Journalistin des Jahres 2015» eingebracht, mir endgültig das Etikett der «Haltungsjournalistin» verschafft und ist vermutlich dafür verantwortlich, dass ich dieses Buch geschrieben habe. Er hat also eine ganze Menge ausgelöst.

Die Haltung zur Haltung im Journalismus allerdings scheint sich geändert zu haben, zumindest wird sie anders diskutiert als zu den Zeiten von Klaus Bednarz und Kollegen. Heute wird häufig und lauthals verlangt, Journalisten mögen sich bitte schön mit ihren persönlichen Einstellungen zurückhalten und neutral sein.

Diese Forderung kommt besonders bei denen auf, die die vermeintliche Haltung oder Meinung eines Journalisten bzw. seines Artikels oder Berichts nicht teilen.

Seit besagtem Kommentar vergeht fast kein Tag, an dem ich nicht E-Mails oder Briefe wie diese bekomme (Orthographie und Kommasetzung sind aus den Originalzuschriften übernommen):

sehr geehrte damen und herren,
das die öfftl. rechtl. sender immer neutral und unab-
hängig berichten müssen, steht so glaube ich, außer
frage. warum aber darf hier frau reschke ihre überaus
politische und persönlichem meinung seit über einem
jahr auf kosten der bezahler so locker vom hocker
von sich geben? an selbstherrlichkeit kaum zu über-
biten!!!!!!!!

man kommt sich in der sendung vor wie in einer diktatur, und die ard sagt nichts !!!!
Harald

Frau Reschke,
Der ÖRF ist nicht dazu da ihre Meinung in
form von kommentaren zu verbreiten, wenn
sie nicht neutral sein können, wechseln sie
bitte den beruf. Ich möchte Informationen,
ihre Meinung gehört nicht dazu. Danke
Sprenger

Sehr geehrte Damen und Herren,
ich und viele Bürger sind es eindeutig leid, uns von
einer Frau Reschke belehren zu lassen, welche Denkweise richtig oder falsch ist.
Wer ist sie? Die moralische Instanz in diesem Land?
Wenn diese Frau, die sich Journalistin nennt, nicht
in der Lage ist, das zu tun was man von einem guten
Journalisten erwarten kann nämlich:
Eine neutrale Berichterstattung ohne ihre EIGENE
MEINUNG mit einzubringen —
wo sind wir eigentlich hier? In der DDR? Müssen wir
uns von dieser Frau einer Gehirnwäsche unterziehen
lassen?

Eine neutrale Berichterstattung scheint es in den
öffentlich rechtlichen Medien kaum mehr zu geben.
Mit freundlichen Grüßen
Edith D

Sie merken, die zitierten Zuschauer scheinen zum einen nicht einverstanden zu sein mit dem, was ich sage, und zum anderen, dass ich es überhaupt sage. Das wollen sie aber so nicht schreiben, denn es herrscht ja immer noch Meinungsfreiheit in Deutschland. Deshalb klingt es natürlich weitaus besser, wenn man Objektivität und Neutralität verlangt. Dass es sich bei meinem Zwischenruf in den *Tagesthemen* um einen Kommentar gehandelt hat, lassen sie nicht gelten. Aber natürlich spreche ich Kommentare aus einer Haltung heraus. Wie auch sonst? Deshalb werden sie ja auch als Kommentare gekennzeichnet. Wer das kritisiert, kennt vermutlich die Grundlagen von Journalismus in demokratischen Ländern nicht. Es gibt einen Unterschied zwischen Kommentar und Bericht. Und es gehört zur Lauterkeit dazu, dass die Leser und Zuschauer wissen, welche Haltung ein Journalist hat. Gerade deshalb gibt es ja die eigens ausgewiesenen Kommentare in Sendungen oder Zeitungen, in denen man diese Haltung erfahren kann. Dann weiß man, wie der Berichterstattende zu Themen steht, man kennt seinen Hintergrund und seine Sichtweise. Das hat viel mit Glaubwürdigkeit zu tun. Die Rezipienten sind dann schon in der Lage, sich ein eigenes Bild zu machen und Dinge einzuordnen.

Selbstverständlich kann und sollte man von berichtenden Journalisten die Bereitschaft erwarten, sich dem Gegenstand einer Recherche unvoreingenommen zu nähern, sich alle Seiten zu einer Geschichte anzuhören. Ebenso, wie man von Richtern oder Polizisten erwartet, dass sie sich einen Tatort oder Tatbestand erst einmal möglichst vorurteilsfrei betrachten. Sie haben dafür ihre Instrumente. Der Polizist muss alles ermitteln, was für oder gegen einen Täter spricht. Der Richter urteilt nicht nach Gutdünken, sondern auf Grundlage von Gesetzen. Auch er muss alle Beweise würdigen, ob sie für oder wider die Schuld sprechen.

Genau so einen Instrumentenkasten gibt es auch für den Journalismus. Denn natürlich möchte man keine gefärbten Berichte, keine Propaganda in die eine oder andere Richtung. Es ist die Aufgabe von Journalisten, der Wahrheit so nahe wie möglich zu kommen. Es ist esssenzieller Grundsatz, die Argumente, die gegen eine These sprechen, mit der gleichen Akribie zu recherchieren wie die Argumente dafür. Man kann sich einer Wahrheit nähern und versuchen, so viele Details wie möglich zu recherchieren, um daraus ein möglichst ganzheitliches Bild entstehen zu lassen.

Ich gebe Ihnen ein Beispiel dafür: Nach dem G20-Gipfel in Hamburg kursierte im Netz ein Video, auf dem zu sehen war, wie ein Polizist einem Demonstranten, der sich provokativ vor einen Streifenwagen stellt, mit der Faust mitten ins Gesicht schlägt. Das darf selbstverständlich nicht sein, es ist eine absolute Überschreitung dessen, was der Exekutivmacht erlaubt ist. Schließlich ist die Polizei in Deutschland kein Schlägertrupp; sie hat andere, gesetzlich verankerte Methoden, um einem renitenten Demonstranten zu begegnen. Dieses Video wäre also ein gefundenes Fressen für jeden Journalisten, der über Polizeigewalt berichten wollte: eins auf die Nase, und dann auch noch im laufenden Bild. Eine akribische Recherche allerdings ergab, dass dieses Video nur ein Ausschnitt war. Es existierte auch eine längere Version, in der man sieht, dass sich jener renitente Demonstrant nicht einmal, sondern viermal vor einen Streifenwagen gestellt und so die Polizeikolonne aufgehalten hatte. Jedes Mal wurde er von einem Beamten am Arm gefasst und von der Kreuzung geführt, um sich kurze Zeit später vor das nächste Auto der Kolonne zu stellen. Bis beim vierten Versuch einem Polizisten anscheinend der Kragen platzt und er zuschlägt. Das darf natürlich dennoch nicht geschehen und bleibt trotz der Vorgeschichte eine massive Überschreitung seiner Eingriffsbefugnisse, aber es erklärt die Situation vielleicht ein bisschen besser. Man kann dann immer noch einen Bericht über Polizeigewalt machen, aber man kann den Vorfall differenzierter einordnen. Und das ist die Aufgabe von Journalismus.

Aber zu erwarten, dass man DIE ultimative Wahrheit serviert bekommt, ist utopisch. Denn es hängt ja sehr davon ab, wie man sich einer Sache nähert. Und da sind wir wieder bei der Haltung. Jemand, der – um beim Beispiel zu bleiben – Polizei und Staatsmacht gegenüber eher kritisch eingestellt ist, wird anders an das Thema herangehen als jemand, der mit linken Demonstrationen ohnehin nicht viel anfangen kann und dessen Einstellung darauf beruht, dass das Handeln von Staat und Polizei grundsätzlich in Ordnung ist. Jemand, der aus einem wohlhabenden Unternehmerhaushalt stammt, wird zur Vermögenssteuer vermutlich eine andere Einstellung haben als jemand, der in einem Arbeiterhaushalt aufgewachsen ist. Jemand, der aus dem Osten kommt, wird zur Wiedervereinigung ein anderes Verhältnis haben als jemand aus dem Westen. Jemand, der allem Neuen gegenüber aufgeschlossen ist, wird anders über autonomes Fahren berichten als einer, der technischen Fortschritt eher mit Skepsis begleitet.

Und nachdem Journalisten auch keine Roboter sind, sondern Menschen, die aus ihren Erfahrungen, ihrer Erziehung, ihrem kulturellen Hintergrund bestehen, wird es immer auch darauf ankommen, WER berichtet. Bei Richtern und Polizisten ist das vermutlich nicht anders.

Zwei Kollegen von mir sind häufig an Schulen, um Medienkompetenz zu vermitteln. Dabei stellen sie den Schülern die Aufgabe, eine kurze Meldung über ein Ereignis zu schreiben. Ihnen wird ein Video von der Pressekonferenz vorgespielt, die Germanwings wenige Stunden nach dem Absturz ihres Flugzeugs im Jahr 2015 gegeben hat. Der Ausschnitt dauert drei Minuten. Anschließend haben die Schüler und Schülerinnen vier bis fünf Minuten Zeit, darüber eine kurze Meldung aus drei Sätzen zu schreiben. Die Texte werden dann ohne Namensnennung vorgelesen.

Die Ergebnisse sind für alle höchst aufschlussreich. Rund ein Drittel schafft es nicht, die korrekte Zahl der Menschen an Bord wiederzugeben. Oft ist die Flugstrecke eine andere, zum Beispiel Madrid–Berlin statt der tatsächlichen Route Barcelona–Düsseldorf. Uhrzeiten gehen durcheinander: wann das Flugzeug startete, wann der Sinkflug begann, wann der Kontakt zu den Lotsen abriss. In vielen Meldungen steht, dass alle Passagiere tot sind, obwohl in der Pressekonferenz noch nichts darüber gesagt wurde. Rund ein Viertel der Schüler hat den Absturz als «tragisch» oder mit einem ähnlichen Begriff bezeichnet, also selbst eine Wertung vorgenommen. Manchmal wird sogar ein Terroranschlag oder eine Entführung hinzugedichtet, obwohl die Pressekonferenz dazu keinen Hinweis gab. Diese Auswertung ist nicht wissenschaftlich repräsentativ, es sind nur Schätzungen, aber die Erkenntnis nach dieser Übung ist stets: Keine Meldung gleicht der anderen, obwohl alle dieselben drei Minuten Pressekonferenz gesehen haben.

Der Lerneffekt dieser Übung ist immens. Zum einen merkt man, dass jeder unter Stress Fehler macht, vor allem, wenn viele, teilweise auch völlig irrelevante Detailinformationen in kurzer Zeit verarbeitet werden müssen. Zum anderen aber kann man sehen: Wenn sich Meldungen zum selben Thema inhaltlich unterscheiden, heißt das nicht automatisch, dass eine der Meldungen falsch sein muss. Häufig liegt einfach der Fokus der einen Journalistin auf einem anderen Aspekt als der des Journalisten eines anderen Mediums.

Das Problem ist allerdings, dass Medien gerne so tun, als seien sie neutral, und diese Pseudo-Objektivität über Jahrzehnte wie eine Monstranz vor sich hergetragen haben. Damit wird aber dem Publikum suggeriert, man würde die eine einzig mögliche ultimative Wahrheit berichten. Das ist falsch.

Bis heute heißt es zum Beispiel, *Panorama*, also das politische Fernsehmagazin, das ich moderiere, sei ein «Meinungsmagazin». Genau wie die anderen politischen Magazine. Damit argumentieren übrigens auch Senderchefs gerne, wenn Gegenwind kommt: *Panorama* dürfe das, schließlich sei es ein Meinungsmagazin.

Ich habe diesen Begriff nie gemocht und nie verstanden. Wir verbreiten keine Meinungen, sondern Berichte, die auf umfassenden Recherchen fußen. Sie werden manchmal thesenartiger und zugespitzter formuliert als in reinen Nachrichtenformaten, aber es ist dennoch nicht einfach plumpe Meinung. Übrigens hieße das im Umkehrschluss, dass alles, was kein politisches Magazin ist, auch keine

Meinung verbreitet. Verkürzt also: Magazin gefärbt, Nachrichten dagegen neutral. Und ja, die meisten Nachrichtenchefs werden vermutlich mit Vehemenz darauf pochen, dass Nachrichten neutral sind.

Ich halte diese Behauptung für falsch.

Ein Beispiel aus den Nachrichten eines öffentlich-rechtlichen Hörfunkprogramms im November 2017; es ging um die Untersuchungen der UNO zu den Giftgasanschlägen in Syrien:

«*Anmoderation:* Im UN-Sicherheitsrat hat Russland sein Veto gegen die weitere Untersuchung von Giftgasangriffen in Syrien eingelegt. Es ist schon das zehnte Mal, dass Russland von seinem Vetorecht Gebrauch macht.

Bericht: Damit hat es die von den USA eingebrachte Verlängerung der Expertengruppe zu Giftgasangriffen in Syrien, kurz JIM, vom Tisch gefegt. Die Gruppe hatte den Auftrag, Täter zu ermitteln, nun aber nicht mehr, denn Russland habe den jetzt auslaufenden JIM getötet, so wörtlich die US-Vertreterin Nikki Haley. Unklar ist derzeit, ob der Sicherheitsrat den JIM doch noch, wenn auch nur für wenige Wochen, verlängert, um noch einen Kompromiss finden zu können. Neben der Terrormiliz Islamischer Staat hat der JIM auch die syrische Regierung mehrfach für Chemiewaffenangriffe verantwortlich gemacht. Russland akzeptiere, dass der Freund der Täter sei, also das mit Russland verbündete Syrien, so die US-Vertreterin. Russlands UN-Botschafter hatte zunächst eine eigene Resolution eingebracht, dann aber in letzter Minute zurückgezogen.»

Ist diese Nachricht neutral? Es ist alles enthalten, was passiert ist. Es gab dieses Veto von Russland, deshalb konnte die Untersuchung nicht weiter durchgeführt werden. Die US-Botschafterin, das konnte man auch in den Fernsehnachrichten sehen, war offensichtlich empört. Es wurde erwähnt, dass Russland selbst eine Resolution einbringen wollte. Also eigentlich alles Fakten, oder? Nichts davon ist falsch. Aber neutral ist diese Meldung nicht. Sie folgt einer Sichtweise, man kann auch sagen, einer Haltung. Und zwar einer prowestlichen, proamerikanischen. Die amerikanische UN-Botschafterin wurde in den Hörfunknachrichten mit ihrem Ärger zitiert, der russische UN-Botschafter nicht. Warum die Russen dagegen gestimmt haben, wird auch nicht berichtet. Es gibt sicher gute Gründe, die Meldung so zu formulieren: Die Mehrheit der Sicherheitsratsmitglieder war für den Vorschlag, nur Russland und Bolivien haben dagegen gestimmt. Und die Vorgeschichte ist geprägt von wüsten Behauptungen von russischer Seite, die nicht belegt wurden. Die Bilder der Opfer gingen um die Welt. Es gab also ein enormes Interesse, diese Anschläge aufzuklären, und das wurde durch das russische Veto verwehrt.

Wenn man sich allerdings zum gleichen Sachverhalt die

russisch geprägten Medien ansieht, etwa RT Deutsch, ein – das ist an dieser Stelle wichtig – vom russischen Staat finanzierter Sender, dann liegt der Fokus etwas anders. Die Überschrift zu diesem Ereignis lautete am 17.11.2017: «Keine Einigung», und im Text steht zu lesen:

«Das JIM, ein Team der Vereinten Nationen und der Organisation für das Verbot von Chemiewaffen, wirft der syrischen Regierung den Einsatz von Nervengas vor. Syriens Verbündeter Russland kritisiert jedoch das Vorgehen der Experten. Dieses sei ‹amateurhaft›, so die russische UN-Mission. Russland sieht die Tätigkeit des Teams als politisch motiviert, da es nur auf eine zuvor bereits festgelegte Anschuldigung hinarbeite.»

Es gibt also auch eine ganz andere Seite der Darstellung. Ich will jetzt hier gar nicht weiter erörtern, welche ich für richtig erachte. Aber neutral war die Nachricht in der Hörfunksendung nicht. Der Vollständigkeit halber muss man sagen, dass die meisten Zeitungen, die ich zu diesem Thema durchgescannt habe, beide Seiten berichtet haben, also auch die russische Sichtweise. Allerdings wurde diese meist mit einer Wertung versehen. Trotzdem zeigt dieses Beispiel, dass es keine absolute Wahrheit geben kann, dass Journalisten niemals «neutral», wertfrei berichten können. Ihre Haltung ist immer dabei.

Schon die Auswahl, mit welchem Thema sich Journalisten beschäftigen, ist ja nicht neutral. Nur ein Bruchteil dessen, was täglich in der Welt passiert, wird berichtet. Es sind Journalisten, die bestimmen, mit welchen Themen sich Menschen beschäftigen sollen. Die Auswahl von Nachrichten folgt bestimmten Kriterien, die erstmals schon 1965 von zwei amerikanischen Wissenschaftlern, Johan Galtung und Mari Holmboe Ruge, erforscht und im zweiten *Journal of Peace Research* veröffentlicht wurden; sie haben bis heute Geltung. Als Kriterien werden zum Beispiel Betroffenheit, auch kulturelle Nähe genannt (ein Attentat in einem westlichen Land betrifft uns hier mehr als etwa eines in Afghanistan oder Myanmar), die Vorhersehbarkeit und Kontinuität, also die Weiterentwicklung eines großen Themas. Dazu kommt der alte Satz «only bad news are good news», also eine Fokussierung auf Negatives. Ein Ereignis wird umso eher zur Nachricht, je mehr es auf Konflikt, Aggression, Zerstörung oder Tod bezogen ist. Aber trotz dieser Faktoren muss die Auswahl naturgemäß letztlich eine subjektive sein.

So weit dieser kleine Exkurs über die Grundlagen des Journalismus und die Unmöglichkeit von Neutralität. Aber zurück zur Haltung.

Jeder deutsche Journalist kennt diesen Satz:

«Einen guten Journalisten erkennt man daran, dass er sich nicht gemein macht mit einer Sache, auch nicht mit einer guten.»

Er stammt von dem Journalisten und ehemaligen Moderator der *Tagesthemen* (1985–1991), Hanns Joachim Friedrichs. Dieses Zitat von ihm bekommen Tausende Journalisten während ihrer Ausbildung und auch danach zu hören. Es ist eine der scheinbar unumstößlichen Wahrheiten, an der sich Journalisten in ihrem Handeln orientieren sollen. Das Objektivitäts-Dogma. Das Hajo-Friedrichs-Dogma. Und so ist es auch dieser Satz, mit dem man immer wieder konfrontiert wird, wenn das, was man als Journalist berichtet oder gesagt hat, nicht auf Gegenliebe stößt:

Hat man jeden Anspruch auf journalistische Objektivität eigentlich auch ganz offiziell aufgegeben wenn man solch einen Kommentar wie von Fr. Reschke in der Sendung platziert?
«Distanz halten, sich nicht gemein machen mit einer Sache, auch nicht mit einer guten» —, Hanns Joachim Friedrichs: Interview mit dem Spiegel
Matthias H.

---

sehr geehrte frau reschke,
durch ihre politischen beiträge sind sie ja bundesweit als
merkelunterstützer und integrationsfreund bekannt geworden. vor geraumer zeit haben sie in ihrer sendung wieder
mal einen beitrag geliefert, über einen friedlichen demokraten (...) der sich von kritischen und / oder rechts gesinnten
bürgern wegen seines einsatzes für flüchtlinge bedroht fühlte,

und schließlich sein amt aufgab. dies wurde von ihnen mit
großem pomp und intelektueller hetze selbstverständlich mit
unterstützung anderer merkel-medien) präsentiert. so weit, so
gut. gestern ist nun etwas Ähnliches einem deutschen polizei-
beamten aus der linken szene widerfahren (...).
ich hoffe, daß sie nun mit ähnlicher rigidität in ihrem
magazin berichten. im übrigen empfehle ich ihnen, sich mal
die grundlagen des guten journalismus von hanns joachim
friedrichs zu verinnerlichen, sonst sind sie nicht so weit weg
vom «stürmer».
mit freundlichem gruß
roland p.

Ich kann nicht mehr zählen, wie oft mir der Satz von Hanns Joachim Friedrichs vorgehalten wurde. Natürlich stets verbunden mit einer Kritik an meiner scheinbar mangelnden Objektivität, bzw. an meiner Haltung.

Was hat es mit diesem Satz auf sich? Er stammt aus einem äußerst lesenswerten Interview, das Hanns Joachim Friedrichs kurz vor seinem Tod gab. Das Gespräch führten Jürgen Leinemann und Cordt Schnibben. Es erschien am 27. März 1995 im Nachrichtenmagazin *Der Spiegel*. Es ist interessant, sich mal den Gesamtkontext dieses vielzitierten Satzes anzusehen:

«*SPIEGEL:* Hat es Sie gestört, daß man als Nachrichten-moderator ständig den Tod präsentieren muß?

Friedrichs: Nee, das hat mich nie gestört. Solche Skrupel sind mir fremd. Also, wer das nicht will, wer die Seele der Welt nicht zeigen will, in welcher Form auch immer, der wird als Journalist zeitlebens seine Schwierigkeiten haben. Aber ich hab' es gemacht, und ich hab' es fast ohne Bewegung gemacht, weil du das anders nämlich gar nicht machen kannst. *Das hab' ich in meinen fünf Jahren bei der BBC in London gelernt: Distanz halten, sich nicht gemein machen mit einer Sache, auch nicht mit einer guten, nicht in öffentliche Betroffenheit versinken, im Umgang mit Katastrophen cool bleiben, ohne kalt zu sein.* Nur so schaffst du es, daß die Zuschauer dir vertrauen, dich zu einem Familienmitglied machen, dich jeden Abend einschalten und dir zuhören.»

Hanns Joachim Friedrichs spricht also hauptsächlich darüber, wie er es geschafft hat, auch die schlimmsten Katastrophen-Meldungen in den *Tagesthemen* vorzulesen, ohne mit der Wimper zu zucken. Es ging im Kontext des Interviews nicht darum, ob Journalisten zum Beispiel für den Kampf gegen Rechts, gegen Umweltverschmutzung oder für menschenwürdige Verhältnisse in Flüchtlingscamps trommeln sollten. Und es ist mitnichten so, dass Hanns Joachim Friedrichs sich nicht für Dinge eingesetzt hätte, die ihm wichtig erschienen. Er hat nie einen Widerspruch darin gesehen, sich auch als Journalist für eine Sache einzusetzen. Im Gegenteil: Er war zeit seines Lebens äußerst engagiert. Denn was viele, die Friedrichs' berühmten Satz heute gerne zitieren, nicht wissen: Der *Tagesthemen*-Anchorman drehte zahlreiche Naturfilme, mit denen er die Menschen für ihre Umwelt sensibilisieren wollte.

Ich nehme an, Sie kennen Udo Jürgens? Der österreichische Komponist und Sänger brachte 1988 ein Lied heraus mit dem Titel «Gehet hin und vermehret euch». Ein Lied, das einen Proteststurm auslöste, weil es sich angesichts der Zunahme der Weltbevölkerung kritisch mit der Sexualmoral der katholischen Kirche auseinandersetzte. In vielen Rundfunkanstalten durfte das Lied deshalb nicht gespielt werden. Es beginnt mit dramatischer Musik und einem gesprochenen Prolog:

«Es ist Zeit, Alarm zu schlagen. An jedem Tag wächst die Zahl der Menschen auf unserem Planeten um 300 000. In jeder Woche um über zwei Millionen. In jedem Monat kommen mehr Menschen neu auf diese Welt, als in New York zu Hause sind. Aber wir wollen das nicht wissen, noch ist das nicht unser Problem. Und was uns nicht berührt, das geht uns auch nichts an. Wenn wir es merken, wird es zu spät sein. Wo die Menschen am ärmsten sind, vermehren sie sich am schnellsten. Es ist schon jetzt zu wenig Platz auf dieser Erde und es wird immer weniger Platz sein. Nicht Kriege, Seuchen und Naturkatastrophen, es sind die Menschen selbst, die ihren Lebensraum vernichten. Wer die Umwelt schützen will, der muss die Welt bewahren. Fünf Milliarden sind genug.»

Also, wenn diese Botschaft keine Haltung beinhaltet! Gesprochen wurde dieser Prolog von einer wohlbekannten Stimme. Von Hanns Joachim Friedrichs. Und zwar zu einer Zeit, in der er längst Moderator der *Tagesthemen* war und die Zuschauer Abend für Abend über das Weltgeschehen aufklärte.

Hajo Friedrichs wollte etwas bewegen. Er vertrat, wenn man so will, seine eigene Agenda. Kann es sein, dass Friedrichs seit Jahren einfach nur falsch verstanden wurde und heute als Rollenbild für etwas herhalten muss, das er selbst gar nicht gewollt hätte? Ich denke, Hajo Friedrichs hatte durchaus eine Haltung, und er hat damit nicht hinter dem Berg gehalten.

An dieser Stelle darf ich – weil es so gut zum Thema passt – vielleicht anmerken, dass ich in diesem Jahr 2018 den Hanns-Joachim-Friedrichs-Preis verliehen bekomme. Eine Ehrung, über die ich mich sehr freue, vor allem als ich die Begründung las: «Als Moderatorin der Fernsehsendungen ‹Panorama› und ‹Zapp› zeigt sie Haltung ohne Arroganz, Toleranz ohne Beliebigkeit und Stehvermögen ohne Sturheit.»

Dürfen also Journalisten Haltung haben? – Sie dürfen nicht nur, sie können gar nicht anders. Und manchmal gewinnen sie damit sogar Preise.

Nur für meine Kritiker ist es hart.

NUR MUT

Obwohl wir also unseren Kindern von klein auf bewusst oder unbewusst beibringen, Haltung zu zeigen, obwohl sie als erstrebenswerte Tugend angesehen wird, muss man eigentlich nüchtern bilanzieren: Haltung zeigen lohnt sich nicht. Jedenfalls nicht für die, die es tun. Die Geschichte hält unzählige Beispiele dafür parat.

Sokrates etwa, ein Meister der Haltung. Sein Credo war es, Menschen nicht überzeugen zu wollen, sondern durch geschicktes Fragen und vor allem Hinterfragen ihrer Positionen zur rechten Haltung zu verhelfen. Am Ende wurde er hingerichtet. Angeklagt wegen seines angeblich schlechten Einflusses auf die Jugend sowie wegen Missachtung der Götter, nahm er seine Gerichtsverhandlung nicht zum Anlass, sich zu verteidigen oder zu entschuldigen – er stellte seine Ankläger in einem Disput bloß. «Solange ich atme und Kraft habe, werde ich nicht ablassen zu philosophieren und euch zu befeuern», soll er gesagt haben. Die Möglichkeit zur Flucht, die ihm seine Freunde während seiner Haft eröffneten, wies er brüsk von sich und leerte den Schierlingsbecher in völligem Gleichmut.

Seine philosophische Grundhaltung, dass Unrecht tun, also die Strafe zu missachten, schlimmer sei als Unrecht zu erleiden, hatte für ihn größeres Gewicht als die Möglichkeit, sein Leben zu erhalten.

Man muss sagen, der Mann hatte Haltung. Aber am Ende war er tot. Allerdings begründet sich genau auf dieser festen Haltung auch sein Ruhm.

«Hier stehe ich und kann nicht anders!», hat Martin Luther 1521 vor dem Reichstag zu Worms gesagt. Jedenfalls wurden ihm diese Worte später in den Mund gelegt, sozusagen als Zusammenfassung. Wirklich gesagt hat er es etwas anders, aber dieser Satz ist so kompliziert, dass er es so vermutlich nicht in die Nachwelt geschafft hätte. Trotzdem zeugt seine Rede von einer tiefen inneren Haltung: nämlich der göttlichen Wahrheit verpflichtet zu sein und sich nicht zum Mitträger eines korrupten Systems verbiegen zu lassen, nicht vor weltlichen Herrschern zu kuschen. Eine Haltung, die er sogar reiflich überlegt hat und die durchaus gut aufgehoben ist in dem einen Satz: «Hier stehe ich und kann nicht anders!» Er formuliert sozusagen Haltung in Reinform. Vermutlich ist dieser Satz deshalb auch DER Haltungssatz schlechthin. Nun, Luther wurde für vogelfrei erklärt und musste erst mal auf die Wartburg.

Haltung läuft also erst zu Hochform auf, wenn sie sich bewähren muss. Ohne Widerstände kann man leicht Haltung zeigen; erst wenn man sie gegen Blockaden, Behinderungen, ja manchmal bis zur Bedrohung von Leib und Leben beibehält, zeigt sie ihren Charakter.

Die Geschwister Scholl, Georg Elser und Graf von Stauffenberg bezahlten für ihren Widerstand gegen die NS-Herrschaft mit ihrem Leben und bekamen erst posthum die Ehre und Anerkennung für ihren Mut, ihre Standhaftigkeit und ihre Haltung.

Mahatma Gandhi wurde diverse Male verhaftet und schließlich ermordet. Nicht besser erging es Martin Luther King, der 1968 von einem Rassisten erschossen wurde. Immerhin durften diese beiden noch zu Lebzeiten erfahren, was ihre Haltung bewirkte. Beide waren weltberühmt, für viele ein Vorbild und so anerkannt, dass Gandhi mehrmals für den Friedensnobelpreis nominiert wurde, King wurde er 1968 verliehen.

Auch Edward Snowden, um in die jüngere Geschichte zu springen, hat Haltung gezeigt. Der Mann, der die amerikanische Regierung durch das Öffentlichmachen Tausender Dokumente und Videos von Geheimdiensten blamierte und der Welt das Ausmaß von Spionage aufzeigte, muss starke Einbußen seiner persönlichen Freiheit hinnehmen. Er lebt im Asyl in Russland, in den USA ist ein Haftbefehl gegen ihn ausgestellt. Sollte er in seine Heimat zurückkehren, droht ihm ein Prozess wegen Spionage und Diebstahl von Regierungseigentum.

So etwas muss man erst einmal in Kauf nehmen. Da ist das Haltungzeigen gleich nicht mehr ganz so attraktiv.

Und Edward Snowden hat gewusst, was sein Handeln für Konsequenzen haben würde. In einem Interview mit dem britischen *Guardian* beschreibt er sehr klar, dass er diese Opfer auf sich genommen habe, weil er es nicht mit seinem Gewissen habe vereinbaren können, dass die US-Regierung die Privatsphäre, die Freiheit des Internets und grundlegende Freiheiten weltweit mit ihrem Überwachungsapparat zerstöre. Er habe im Laufe seiner Arbeit erkannt, dass man daran mitwirke, die Architektur der Unterdrückung auszubauen, wenn man für die Geheimdienste an der Überwachung der eigenen Bürger beteiligt sei.

Womit wir wieder bei Sokrates sind: Es ist besser, Unrecht zu erleiden, als Unrecht zu tun.

All die genannten Beispiele aus der Geschichte machen klar, dass die Sache mit dem «Haltungzeigen» für den, der es wagt, ziemlich unangenehm werden kann. Und trotzdem gibt es immer wieder Menschen, die sich trauen, im Großen wie im Kleinen. In jeder Firma schimpfen Mitarbeiter mal über ihre Chefs, verdrehen die Augen, wenn sie eine blöde Idee umsetzen müssen, ächzen, weil so viel Arbeit auf ihren Schreibtischen gelandet ist, leiden unter irgendeiner neuen Maßnahme. Und fast immer gibt es die eine oder den einen, der sich traut, den Mund aufzumachen. Dem Chef sagt, dass die Arbeit nicht zu bewältigen ist, dass etwas ungerecht ist, dass ein Plan nicht verwirklicht werden kann. Diejenigen, die so nach vorne gehen, sind meist nicht jene, die Karriere machen. Für die Atmosphäre, den Zusammenhalt in einer Firma aber sind diese Menschen immens wichtig, weil sie anderen, die sich nicht trauen, eine Stimme geben.

Dasselbe gilt in der Gesellschaft. Da ist der Bürgermeister von Livorno, der per Facebook mitteilt, dass sein Hafen offen stehe für die «Aquarius», das Schiff, das im Juni 2018 Hunderte von Flüchtlingen auf dem Mittelmeer an Bord nahm: gegen die klare Ansage seiner Regierung in Rom, das Schiff nicht anlanden zu lassen. Kurze Zeit später war der Facebook-Eintrag gelöscht. Nicht jeder hält jedem Druck stand.

Da ist Jürgen Opitz, der Bürgermeister von Heidenau, einem Ort in der Sächsischen Schweiz. Im Sommer 2015 sammelte sich eine Schar wütender Bürger vor seinem Privathaus und schrie: *Opitz, ich hab gehört, Sie sind hier, wo sind Sie, kommen Sie raus!* Ich habe diese Szene wieder und wieder angesehen, und jedes Mal ist es mir kalt den Rücken heruntergelaufen. Heidenau war ein Wendepunkt. Erst mit den Bildern von den Ausschreitungen im August 2015, als zwei Nächte lang über tausend Personen gegen eine neu eröffnete Flüchtlingsunterkunft randalierten und Dutzende Polizisten verletzt wurden, wurde den meisten klar, was sich gerade in Deutschland abspielte. Es war Jürgen Opitz, der als Erster dagegenhielt, die rechtsextremen Angriffe prompt und deutlich verurteilte und um Verständnis für die Asylsuchenden warb. Obwohl er persönlich bedroht wurde, hat er nicht klein beigegeben, sondern den Schild der Zivilgesellschaft hochgehalten.

Man kann diese Stärke nicht immer «von oben» erwarten. In diesem gleichen, konfliktgeladenen Sommer 2015 fand im sächsischen Freital eine Bürgerversammlung statt, in der es ebenfalls um eine Flüchtlingsunterkunft gehen sollte. Zwei Kollegen von mir waren dabei, in diesem Saal voll wütender Menschen. Vorne auf dem Podium saßen Vertreter der Stadt Freital und der damalige sächsische Innenminister. Sie versuchten der aufgebrachten Menge zu erklären, warum es ein Flüchtlingsheim in Freital geben werde. Aus dem Publikum kamen fast nur Vorwürfe und Beschimpfungen. Hass und Hetze gegen die Ausländer. Und dann meldete sich plötzlich eine zierliche Frau zu Wort und sagte, sie wolle jetzt noch mal was anderes fragen, nämlich was man denn tun könne für die Flüchtlinge und ob man Hilfe organisieren könne. Was für ein Mut, in dieser aufgeladenen Atmosphäre diese Frage zu stellen. Sie wurde von der Menge niedergeschrien, das Mikrophon wurde ihr aus der Hand gerissen. Unter den Augen des sächsischen Innenministers, der es anscheinend nicht für nötig befand, der Frau zur Seite zu springen und ihr wenigstens Gehör zu verschaffen.

Eine generelle Verantwortungsethik zum Wohl eines höheren Ziels, eines gesellschaftlichen Guts, scheint es nicht zu geben, zumindest nicht verbreitet. Man kann das etwa an den Skandalen in der Wirtschaft ablesen. Ob es um die VW-Abgas-Affäre geht, die Siemens-Korruptionsaffäre, die jahrelangen Verfehlungen im Bankwesen oder den großen Steuerraub mit Hilfe von Cum-Ex-Geschäften, an denen neben Börsenhändlern und Juristen fast alle nationalen und internationalen Großbanken beteiligt waren, stets waren Spitzenmanager involviert oder zumindest Mitwisser. Und selbst wenn sie oft juristisch nicht belangt werden können und sich später damit herausreden können, nur Gesetzeslücken genutzt zu haben: Menschen, die trickreiche Konstrukte erfinden, um Steuern zu vermeiden, oder aberwitzige Tests, um Abgaswerte zu schönen, müssen wissen, dass sie damit der Allgemeinheit schaden. Moralisch zumindest ist das verwerflich.

Haltung zeigen erfordert sehr viel mehr Stärke, als man gemeinhin annimmt. Ja, es ist geradezu anstrengend, von Rückschlägen geprägt, von Zweifeln gesäumt und von Widerstand gebremst. Aber macht nicht genau dieses das Wesen der Haltung aus? Haltung erfordert Mut.

Mir ist das erst im Sommer 2015 klargeworden beziehungsweise in den Monaten danach. Für mich war Mut immer etwas für Menschen aus dem Geschichtsbuch. So stark wie Sophie Scholl musste ich nicht mehr sein, schließlich lebe ich in Deutschland.

Es war der Sommer, als plötzlich – so jedenfalls fühlte es sich an – Abertausende Menschen aus Syrien, aus Afghanistan, aus Eritrea nach Deutschland kamen. Der Sommer, in dem plötzlich Flüchtlingsunterkünfte angezündet wurden, in dem Menschen in großen Ansammlungen durch Städte zogen und schrien: Der Dreck muss weg. Gemeint waren Flüchtlinge. Es war das Jahr, in dem, scheinbar aus dem Nichts, dafür aber in unglaublicher Fülle diese üblen, hasserfüllten, verleumderischen Kommentare über Ausländer, Flüchtlinge, über Muslime, über Afrikaner in den sozialen Netzwerken auftauchten.

Es war der Sommer, in dem man merkte, hier ändert sich gerade etwas in Deutschland. Und ich wartete darauf, dass jetzt mal jemand aufsteht und sagt: Stopp, das geht nicht.

Aber irgendwie war es ganz leise in Deutschland. In diesem Sommer habe ich den bereits erwähnten *Tagesthemen*-Kommentar gesprochen. Später haben mir viele geschrieben und gesagt, das sei mutig gewesen. Ich habe das nicht verstanden. Weil ich wirklich nicht erkennen konnte, was bitte schön mutig daran gewesen sein sollte, an einem heißen Tag in ein wohlklimatisiertes Studio zu gehen und, wie mir schien, Selbstverständliches in eine Kamera zu sprechen. Und ich dachte, dass die meisten Menschen so denken.

Erst heute ist mir bewusst, dass es doch irgendwie mutig war. Weil ich erst an den Reaktionen auf diesen Kommentar gemerkt habe, dass das Eintreten für Achtung und Toleranz im Sinne des Grundgesetzes anscheinend eben doch nicht so selbstverständlich ist. Dass es ziemlich viele

Menschen gibt, die sich als etwas Besseres fühlen wollen, weil sie Deutsche sind. Die eine Aufwertung daraus ziehen, andere abzuwerten. Auch mich.

Die meisten, die mir geschrieben haben, haben sich bedankt. Aber da waren die anderen, und es waren viele, die mich beschimpft haben, mir gedroht haben, mir Vergewaltigung, Folter und den Tod an den Hals gewünscht haben. Nur weil ich eine Minute und 47 Sekunden etwas gesagt hatte?

Noch schlimmer wurde es, nachdem ich Gast in Talk-Sendungen war, bei Sandra Maischberger oder im Oktober 2015 bei Günther Jauch, der damals noch die sonntägliche ARD-Talkshow moderierte. Der Fraktionsvorsitzende der AfD im Thüringischen Landtag, Björn Höcke, war auch da. Mitten im Gespräch zog er plötzlich eine Deutschlandfahne aus seinem Jackett, um sie dann demonstrativ über seine Stuhllehne zu legen. Er eiferte über die ansteigende Kriminalität, die vielen Fremden, die Flüchtlinge, die Mord und Vergewaltigung nach Deutschland bringen würden. Ich hielt dagegen, sagte, dass Ausländer *per se* nicht krimineller seien als Deutsche. Ich meinte damit, dass man Kriminalität nicht der Herkunft eines Menschen zuschreiben kann, sondern meist den Lebensumständen. Wer das verstehen wollte, verstand es genau so. Für die anderen war der Satz wie ein rotes Tuch.

Ich bekomme ihn bis heute jedes Mal vorgehalten, wenn irgendwo in Deutschland ein Kriminalfall passiert, bei dem ein Mensch mit ausländisch klingendem Namen beteiligt war.

Auf YouTube existieren Dutzende Videos von Männern, die sich ereifern, die Lügen der Anja Reschke aufzudecken und anzuprangern. Ich bekomme Pornobilder zugeschickt, darauf sind schwarze Männer, die eine Frau penetrieren, deren Kopf mit einem Foto von mir überklebt wurde.

Man konnte zusehen, wie sich die Stimmung aufheizte, die Sprache immer schriller wurde, immer weiter verrohte. Nie hätte ich mir träumen lassen, dass in Deutschland mal das Wort «Invasoren» gebraucht wird, und zwar völlig schamlos. Worte wie «Volksverräter» oder «Lügenpresse» wurden in den letzten Jahren so selbstverständlich und so oft herausgeschrien, dass sie inzwischen gar nicht mehr schockieren. Wohlgemerkt, beides Begriffe der Nazizeit.

Plötzlich ist dauernd vom Volk die Rede. «Volk», was soll das sein? Volk, das klingt wie ein Körper, in dem alle gleichartig sind und gleich denken. In dem nicht der Einzelne und seine Rechte eine Rolle spielen, sondern das Kollektiv. Das Kollektiv des Deutschseins.

Und es hörte nicht auf. Diese zersetzenden Kräfte, die ständige Wut, die Verunsicherung derer, die damit nicht gerechnet hatten. Man konnte förmlich mit Händen greifen wie das Land taumelte. Politiker, wie vor den Kopf gestoßen, wenn ihnen auf Marktplätzen der wütende

Mob entgegenschrie und offen zum Widerstand aufrief. Minister, die ausgebuht wurden, wie etwa der damalige Justizminister Heiko Maas, der bei einer Rede am 1. Mai 2016 von einer kreischenden Menge sogar vom Platz gejagt wurde, die Kanzlerin, die unverhohlen mit vulgärsten Begriffen beschimpft wurde, sinkende Umfragewerte für bekannte Parteien, die plötzlich nur noch «Altparteien» genannt wurden. Journalisten, wie ich, verunsichert, weil unser Publikum – oder besser Teile unseres Publikums, aber leider sehr lautstarke Teile – ständig und bei allem, was wir berichteten, unsere Glaubwürdigkeit in Frage stellten. Angriffe auf Flüchtlingsbetreuer und auf Bürgermeister, deren Aufgabe es schlicht war, die Ankommenden menschenwürdig unterzubringen. Nicht einmal vor Pfarrern machte die Wut halt.

Es gab Momente im Herbst 2015, da hatte ich zum ersten Mal Angst. Was mache ich, wenn die Stimmung kippt?, dachte ich. Wenn jene, die da ein Deutschland der Deutschen fordern, die alles ausgrenzen, was nicht ihrer Meinung entspricht, die Macht bekommen? Dutzende Bücher habe ich gelesen, Spielfilme und Dokumentationen gesehen über die Anfänge des Nationalsozialismus, den Aufstieg Hitlers zur Macht. In diesem Herbst 2015 habe ich eine Ahnung davon bekommen, wie es anfangen kann.

Nach Studien liegt der Anteil der Menschen, die in unserer Gesellschaft ein rechtes Weltbild haben, bei 20 bis 25 Prozent. Diese Zahl sah 1933 nicht so viel anders aus als heute. Es kommt also auf den Rest an. Was machen die anderen 80 Prozent? 1933 haben sie es geschehen lassen, nicht ernst genommen. Würden wir heute – 80 Jahre später – stärker sein?

Und ich, wie sollte ich mich verhalten? Ich, die zu einer der Symbolfiguren der «links-grün versifften» Elite stilisiert wurde? «Flüchtlingsursel» nannten mich meine Kritiker. Wenn sie noch einigermaßen zivilisiert waren. «Asylhure» die verrohte Version.

Als ich bedroht wurde und sogar meine Familie, gab es Momente, in denen ich dachte: So, jetzt lässt du das mit den öffentlichen Auftritten. Keine Kommentare, keine Talkshow-Auftritte mehr. Lieber nicht weiter provozieren. Es gab nicht wenige, die mir genau das rieten: mich aus der öffentlichen Debatte herauszuhalten, aus der Schusslinie zu nehmen.

Aber ich bin Journalistin. Moderatorin. Wenn ich mich heraushalte, dann brauche ich auch meinen Beruf nicht mehr auszuüben. Hätten dann nicht genau die gewonnen, die mich mundtot machen wollten?

Ich wurde eingeladen, am 9. November nach Dresden zur Verleihung des Demokratiepreises Sachsen zu kommen. Am 9. November! Sogenannter «Schicksalstag» der Deutschen: Tag des Mauerfalls, Pogromnacht. Und in diesem Jahr 2015 ein Montag, Pegidatag. In Dresden. Es war eine Demonstration von mehreren tausend Menschen angekündigt, die aus ganz Deutschland anreisen sollten.

Ich habe überlegt, abzusagen, nicht hinzufahren. Und dann dachte ich: Nein! Es kann nicht sein, dass ich mich jetzt in Hamburg verkrieche und die hängenlasse, die sich für Demokratie einsetzen. Also bin ich gefahren. Ich nahm extra einen Zug am Vormittag, um nicht mit den aus Deutschland anreisenden Pegida-Demonstranten zusammenzutreffen. Als ich in Dresden ankam, strahlte die Sonne über dieser pittoresken Stadt, und ich dachte: Na meine Güte, da haste dich aber ein bisschen angestellt, ist doch alles friedlich und schön hier. Ich stieg in das erstbeste Taxi am Taxistand, der ausgesprochen freundliche Fahrer erzählte mir alles Mögliche über Dresden. Bis ich fragte, wie viele Demonstranten denn heute Abend wohl kommen würden? «Zehntausend», sagte er. «Viel zu wenig!» Warum?, wollte ich wissen. Na, weil man sich das nicht bieten lassen könne, schimpfte er los, diese ganze schwachsinnige Regierung und die Merkel, die all diese Leute ins Land hole, die nur unser Geld wollten. Na ja, erwiderte ich ganz vorsichtig, es kämen ja vor allem viele aus Syrien, und da herrsche ja schon Krieg. Woraufhin er trocken auflachte: «Ja, das behaupten sie in den Nachrichten. Aber dass die Medien lügen, das wissen wir ja auch alle.» Er schien nicht zu wissen, dass auch ich eine von diesen Medien war. Besser so.

Am frühen Abend brach ich dann von meinem Hotel in Richtung Veranstaltungsort auf. Der Demokratiepreis sollte im Max-Planck-Institut für Chemische Physik fester Stoffe verliehen werden. Wieder Taxi. Und als mich der Taxifahrer fragte, was ich denn dort wolle, und ich es ihm sagte, bekam ich die zweite Wutwelle an diesem Tag über angeblich schmarotzende Ausländer und die indiskutable Politik ab.

Dies war der Moment, als ich dachte: Oje, Dresden ist verloren. Wie soll man vermitteln, was alles gut ist in Deutschland, wenn die Wut und die Enttäuschung und der Rassismus bereits so tief eingedrungen sind in die Köpfe?

Es war ein lohnender Abend. Denn ich traf auf geballte Haltung. Eröffnet wurde er von einem der Direktoren des Max-Planck-Instituts, Liu Hao Tjeng, offensichtlich asiatischer Herkunft (er wurde in Indonesien geboren), der sich erst einmal entschuldigte für sein schlechtes Deutsch: Er sei Holländer. Erster befreiender Lacher. Auch das ist Dresden. Später erzählte er, dass das mit Pegida schon einschränkend sei, denn am Max-Planck-Institut würden ja Wissenschaftler aus der ganzen Welt arbeiten, und montags, wenn Pegida demonstriere, statte er seine Jungwissenschaftler, vor allem die Informatiker, die manchmal ein bisschen – na ja, zerstreut – aussähen, immer mit lauter Messe-Accessoires aus, Stoffbeuteln mit Aufdruck und Buttons etwa, damit sie in der Straßenbahn nicht mit Flüchtlingen verwechselt würden.

An diesem Abend wurden Initiativen ausgezeichnet, die sich für die Zivilgesellschaft, gegen Rassismus und Rechtsextremismus einsetzen. Das klingt immer so einfach, wenn man etwas darüber in der Zeitung liest. Die «Gutmenschen» halt, wie sie verächtlich von vielen genannt werden.

So. Und? Wer traut sich denn, sich in einem kleinen Ort an die Straße zu stellen und ein Schild gegen Nazis hochzuhalten, wenn man viele, die da gerade vor einem demonstrieren, persönlich kennt? Und die einen auch?

Und wenn – wie mir Schüler an diesem Abend erzählten – bei den AfD- oder Pegida-Demonstrationen Polizisten, die den Zug begleiten, mit den Demonstranten in kameradschaftlichem Gruß abklatschen, während die Wasserwerfer auf die Gegendemonstranten gerichtet sind?

Und wer nimmt denn die Mühe auf sich, in einer Schule, dem einzigen Gymnasium in einem Landkreis, in dem ein junger Schüler von Rechten brutal zusammengeschlagen wurde, weil er lange Haare und ein Piercing hatte, dafür zu sorgen, dass das Thema Nationalsozialismus im Unterricht mal behandelt und nicht so weggenuschelt wird wie bisher? Es waren drei Elternpaare, die das allein durchgekämpft haben, gegen den Widerstand der Lehrer, des Direktors und einiger örtlicher Politiker.

Es gibt ziemlich viele Menschen in Deutschland, die Haltung zeigen. Die mutig sind. Viel mehr, als man sieht und wahrnimmt. Denn auch die Medien sind nicht mutig. Sie zeigen lieber den Krawall und die Wütenden als die Aufrechten und Demokratietreuen.

Neulich war ich bei einer Veranstaltung in Hamburg, in

der es um den gesellschaftlichen Hass ging. Da kam eine Studentin auf mich zu und erzählte, dass sie eigentlich aus Dresden stamme. Ihre Eltern, Vietnamesen, die noch zu DDR-Zeiten gekommen waren, würden dort ein Restaurant betreiben. Und dann fing sie an zu weinen. Dresden, das sei doch ihre Heimat. Aber immer wenn sie im Lokal ihrer Eltern sei, dann säßen da diese Leute, die laut schimpfen würden über Ausländer, die den Deutschen alles wegnähmen. Und sie würden nicht mal begreifen, dass sie mit ihrem Hass gegen alles Fremde auch sie und ihre Familie treffen würden. Und dann nahm sie meine Hand und sagte danke. Denn ich würde ihr wieder Mut machen, weil ich Menschen wie ihr und ihrer Familie eine Stimme in der Öffentlichkeit geben würde und sie merken würde, sie ist nicht allein.

Schon allein für diesen Moment hat es sich gelohnt, Haltung zu zeigen.

Just in der Zeit, in der ich dieses Buch geschrieben habe, spricht der Vorsitzende der AfD, Alexander Gauland, auf einer Veranstaltung der «Jungen Alternative» von der NS-Zeit als «nur ein[em] Vogelschiss in unserer über 1000-jährigen Geschichte». Donald Trump, der Präsident der USA, dem «land of the free and the home of the brave», wie es in der amerikanischen Nationalhymne heißt, hätte sein Volk anscheinend lieber obrigkeitshöriger. Nach seinem Besuch in Nordkorea erzählt er einem Reporter von *Fox and Friends* unverhohlen in die Kamera, er hätte gern die gleiche Autorität wie sein neuer Freund, der nordkoreanische Diktator Kim Jong-un. «He is the head of a country, he's a strong head, don't let anyone think anything different, he speaks and his people stand up in attention, I want my people to do the same.» Der ungarische Präsident Viktor Orbán hat ein Gesetz erlassen, das «Beihilfe zur illegalen Migration» unter Strafe stellt, also gegen die Menschen oder Organisationen gerichtet ist, die Flüchtlingen helfen. Italien hat seine Häfen für Rettungsboote geschlossen, in Malta steht der Kapitän der «Lifeline» vor Gericht, in Deutschland präsentiert die AfD stolz Strafanzeigen gegen Helferorganisationen wie Ärzte ohne Grenzen. Humanität wird also bestraft. Das ist der Abschied von Zivilisation.

Lohnt es sich da nicht, Haltung zu zeigen? Auch wenn man persönlich dafür Anfeindungen einstecken, sich starkmachen, das Kreuz durchdrücken muss? Macht nicht genau das das Wesen der Haltung aus?

Ja, doch, es lohnt sich. Es lohnt sich für das höhere Gut. Für die Gemeinschaft, für die Gerechtigkeit, für die Humanität, für das Gute. Denn darum geht es bei Haltung. Das ist sozusagen ihr Wesen.

Ich habe gelernt, dass man sich nicht einfach darauf verlassen kann, dass alles so bleibt, wie es ist. Dass ein stabiles Land, in dem Menschen in Sicherheit leben, in dem Minderheiten Schutz genießen, in dem man frei seine

Meinung sagen kann, in dem man frei seine Religion ausüben kann, dass all das keine Selbstverständlichkeit ist. Zivilisatorische Errungenschaften haben Jahrhunderte gedauert. Aber mit einem Schnipp, einem Gesetz, einem Dekret können sie dahin sein.

Es kommt nicht auf die an, die laut schreien, die pöbeln und hetzen. Es kommt auf die anderen an, die Gesellschaft, die Mehrheit. Die, die Haltung zeigen muss. DIE Gesellschaft, das sind wir. Jeder Einzelne von uns.